E D I T I O N Architektur aktuell 0 3

MuseumsQuartier Wien Die Architektur | The Architecture

SpringerWienNewYork

Matthias Boeckl (Ed.)

MuseumsQuartier Wien

Die Architektur | The Architecture

SpringerWienNewYork

© 2001 Springer-Verlag | Wien
Printed in Austria

Grafik | graphic design A | H Haller
Druck | printing Grasl Druck & Neue Medien, A-2540 Bad Vöslau

Gedruckt auf säurefreiem, chlorfrei gebleichtem Papier - TCF | Printed on acid-free
and chlorine-free bleached paper
SPIN: 10832093

Die Deutsche Bibliothek – CIP-Einheitsaufnahme
Ein Titeldatensatz für diese Publikation ist bei der Deutschen Bibliothek erhältlich

Mit zahlreichen farbigen Abbildungen | with numerous full-color illustrations
Fotos | photos: Pez Hejduk, Johann Klinger, Klingspigl, Karl Kraus, Museumsquartier
Errichtungs- und Betriebsgesellschaft mbH, LBS Redl, Herbert Schwingenschlögl,
Margherita Spiluttini, Rupert Steiner

ISBN 3-211-83641-1 Springer-Verlag Wien New York

Nichts passt | Nothing Fits

Von | by Bart Lootsma

Wien hat in den letzten zehn bis 20 Jahren einschneidende Veränderungen erfahren. Aus einer Stadt, die sich auf selbstgenügsame und melancholische Weise in ihrer großen Vergangenheit räkelte, ist eine beinahe ruhelose Stadt geworden, ungeduldig auf der Suche nach einer neuen Position in der Welt. Gewiss spielt das Trauma der Nationalratswahl von 1999 dabei eine Rolle, jedoch sind es vor allem langfristige und in großem Maßstab wirkende Prozesse, wie die Veränderungen in Osteuropa seit Ende der 1980er Jahre und die schnelle Entwicklung der Europäischen Union, die Wien dazu nötigen, die eigene Position zu überdenken. Als Folge davon könnte die Stadt erneut eine Schlüsselrolle in Europa einnehmen. Diese Neudefinition geht jedoch recht stotternd und zögerlich vor sich. Im Unterschied zu einem Land wie den Niederlanden, das als *mainport* Europas bereit ist, widerstandslos eine Vielzahl eigener Werte und

Over the last ten to thirty years Vienna has undergone decisive changes. A city that once lounged around in a self-satisfied and melancholy manner, resting on the laurels of its grand past, has almost become a restless city, impatiently seeking a new position in the world. The trauma of the results of the last election in 1999 has certainly also played a role, although it is primarily those processes which are long-term and have large-scale effects, such as the changes in eastern Europe since the end of the 1980s and the rapid development of the European Union, which have forced Vienna to rethink its own position. The upshot of this could be that the city will once again come to play a key role in Europe. However, this redefinition is proceeding in a rather faltering and hesitant way. Compared to a country such as the Netherlands, which as one of Europe's main ports is ready, without offering any

Gesamtansicht von der Breiten Gasse|full view, from Breite Gasse
Foto|photo Rupert Steiner

Errungenschaften zugunsten des freien Marktes aufzugeben, aus dem die Europäische Union in erster Linie besteht, ist man in Österreich behutsamer. Man ist sich darüber im klaren, dass – auf welche Weise auch immer – Anpassungen an demokratischere Beschlussfassungen stattfinden müssen, nicht nur im Parlament und in den Stadträten, sondern auf allen Ebenen und in allen Bereichen der Gesellschaft, und dass weder die alten Hierarchien noch der Markt in ausreichendem Maße Lösungen dafür bieten. Interessanterweise spielt dabei das Wiener kulturelle Leben die Rolle eines Wegbereiters. Es ist beinahe so, als ob der „Underground", den es in Wien immer gegeben hat, der sich aber auch schon immer einem introspektiven und dunklen Zynismus zu ergeben schien, auf einmal an die Oberfläche kommt und versucht, auf Veränderungen hin zu wirken, und sei es nur im kleinen Maßstab. Die große Anzahl solcher Initiativen macht Wien gegenwärtig zu einer der spannendsten Städte Europas. Jedoch handelt es sich auch hier um einen langfristigen Prozess, der bereits in den 1980er Jahren durch die Vertreter der Generation vorbereitet wurde, die in den 1960er und 1970er Jahren geprägt worden waren, und die nun – inzwischen selbst 50 oder 60 Jahre alt – eine Schlüsselposition innerhalb der demokratischen Prozesse einnehmen.

resistance, to surrender many of its own values and achievements for the sake of the free market, of which the European Union primarily consists, Austria is more cautious. At any rate it is clear that – in whatever way this may be – adaptations to more democratic ways of making decisions have to be found, not only in parliament and on the municipal councils, but at all levels and in all areas of society, and that neither the old hierarchies nor the market offer solutions with sufficiently broad dimensions for this purpose. Interestingly enough, the cultural life of Vienna has a pioneering role to play in all this. It is almost as if the 'underground' which has always existed in Vienna, yet which also always seemed to be prone to an introspective and dark cynicism, has suddenly surfaced and is now attempting to bring about changes, even if on a small scale. The great number of such initiatives that exist make Vienna one of the most exciting cities in Europe at present. However here, too, it is a case of a long-term process, the way for which had already been prepared in the 1980s by the representatives of the generation that was influenced by the developments of the 1960s and 70s and who today – in the meantime themselves 50 or 60 years old – have adopted a key position within the democratic process.

Das MuseumsQuartier und seine Entstehungsgeschichte sind zweifellos das Symbol für diese Periode der Wiener Geschichte; man könnte auch sagen: das Symptom dieser Pathologie. Allein durch seine kritische Masse konzentriert es eine große Menge an kultureller Aktivität, aufgrund derer Wien mühelos mit europäischen Städten wie London, Paris, Madrid und Berlin konkurrieren kann. Diese Konkurrenz wird immer wichtiger im Rahmen der touristischen Anziehungskraft und der Standortpolitik von internationalen Firmen und Institutionen. Durch die Nähe des MuseumsQuartiers zu anderen Museen, Kunsthallen und anderen kulturellen Institutionen stellt Wien sämtliche Konkurrenten in den Schatten. Die Organisation des MuseumsQuartiers hat die Kraft, mehr als nur ein ökonomischer Motor zu werden. Viel eher als das Guggenheim Museum in Bilbao, die Tate Gallery in London oder das Reina Sofia in Madrid ist es eine abstrakte Maschine, die die Beteiligung vieler vor Ort ermöglicht und auf diese Weise die Veränderungsprozesse in Wien und Österreich selbst weiter in Gang hält. Entscheidend ist dabei, wie Dieter Bogner in diesem Buch ausführt, dass das MuseumsQuartier nicht durch eine oder zwei, sondern durch ungefähr zwanzig autonome Kulturinstitutionen völlig verschiedener Couleur mit eigenen Räumlichkeiten genutzt und programmiert wird, und dass es zusätzlich noch zahlreiche Gastronomiebetriebe und sogar Wohnungen gibt.[1] Abgesehen von der lokalen Betroffenheit ist das MuseumsQuartier deshalb nicht einfach ein einziger Knotenpunkt in einem großen internationalen Netzwerk, sondern eine Vielheit von Knotenpunkten in verschiedenen Netzwerken, die aufgrund ihrer gegenseitigen Nähe Interferenz erwarten lassen. Dieses Konzept ist einmalig und brillant, weil es fortwährende Dynamik und Unvorhersehbares garantiert.
Dass die Dynamik und das Unvorhersehbare auch den Entwurfsprozess für den Städtebau und die Architektur bestimmt haben und in Zukunft bestimmen werden, ist selbstverständlich. Ein Projekt in einem bestehenden historischen Stadtteil, das durch so viele verschiedene Institutionen bespielt wird, kann in unserer heutigen fragmentierten Kultur weder als Ganzes entworfen und realisiert noch als solches beurteilt werden. Wie der Soziologe Ulrich Beck darlegt, entsteht die multikulturelle Gesellschaft der westlichen Wohlfahrtsländer nicht nur durch äußere Einflüsse, sondern wird auch von innen her geformt, als Folge des Individualisierungsprozesses, der seit den 1960er Jahren voranschreitet.[2] Durch die schockartigen Veränderungen in Wien hat die Demokratie in Österreich (etwas) mehr Mühe mit der Anpassung daran als anderswo. Es sind ganz einfach noch keine Verfahren dafür entwickelt oder etabliert worden. Betrachtet man somit das Zustandekommen des MuseumsQuartiers, erkennt man, dass der

The MuseumsQuartier and the history of its arising are without doubt a symbol of this period of Viennese history; one might even say a symptom of its pathology. Through its critical mass alone it concentrates a great deal of energy on cultural activity, as a result of which Vienna is easily able to compete with European cities such as London, Paris, Madrid or Berlin. This competition is becoming more and more significant against the background of the attempt to attract tourism and the settlement policy of international firms and institutions. In the proximity of the MuseumsQuartier to other museums, art galleries and other cultural institutions, Vienna places all its competitors in the shade. The organisation of the MuseumsQuartier has the power to become more than simply an economic engine. Much more than the Guggenheim Museum in Bilbao, the Tate Gallery in London or the Reina Sofia in Madrid, it is an abstract machine, making it possible for many participants to have a place on the site and this itself keeps the process of change in Vienna and Austria going. A decisive element in this, as Dieter Bogner explains in this book, is the fact that the MuseumsQuartier is used and programmed not by one or two cultural institutions but by some twenty autonomous ones of widely differing kinds, each of which has their own space, and that in addition it includes numerous restaurants and cafés and even apartments.[1] Therefore, despite local concern, the MuseumsQuartier is not simply a single junction in a large international network, but rather a multiplicity of junctions in various different networks, the proximity of which to one another means that interference can be expected. This concept is unique and brilliant, since it guarantees dynamism and unpredictability.
It is only natural that dynamism and unpredictability have also determined the design process of the urban development and architecture and will continue to do so in the future. A project located in an existing historical city district and used by so many different institutions can in our present-day fragmented culture neither be designed and realised as a whole nor judged as such. As the sociologist Ulrich Beck writes, the multicultural society of western welfare-state countries is shaped not only through external influences but also from the inside, as a consequence of the process of individualisation which has been proceeding since the 1960s.[2] Through the shock-like changes occurring in Vienna, democracy in Austria has made (slightly) more effort to adapt than elsewhere. Procedures to do so had quite simply still not been developed or established. If one views the arising of the MuseumsQuartier in this way, one can see that the design process displays signs not only of a centrally co-ordinated design process, but also of a process of urban renewal

Entwurfsprozess Merkmale sowohl eines zentral koordinierten Prozesses, als auch jene eines Stadterneuerungsprozesses mit Einspruchsrecht der Bewohner auf allen Ebenen hat.

Ortner & Ortner ist ein Büro, das sich immer sehr für die Bedeutung der Demokratie in der Architektur interessiert hat. Dieses Interesse reicht bis zum Ursprung des Büros in den 1960er Jahren zurück, als es noch Haus-Rucker-Co hieß und als improvisierte Popgruppe Installationen und Events organisierte, die eine aktive Beteiligung des Publikums voraussetzten. 1978 veröffentlichte Laurids Ortner in der Zeitschrift Archithese den Artikel „Amnestie für die gebaute Realität", ein Aufsatz, der später Rem Koolhaas stark beeinflusste. Darin charakterisiert Ortner die Stadtlandschaft der Nachkriegszeit als „visuelles Erscheinungsbild der Demokratie". Eine Demokratie, bemerkt er, für die noch ein Jahrhundert zuvor erbittert gekämpft werden musste. Darum ruft er dazu auf, diese Realität, „die scheinbar niemand wollte", zu akzeptieren und fortzuentwickeln: „Das hier vorhandene triviale Potential ist der Grundstoff, aus dem die Kultur der neuen Zeit geschaffen wird."[3] Im Unterschied zu Koolhaas haben jedoch Ortner & Ortner nie Strategien im Sinne von Verfahren entwickelt, um mit dieser Demokratie innerhalb des Entwurfsprozesses umzugehen. Die österreichische, deutsche und Schweizer Wettbewerbspraxis lässt solche Strategien, anders als zum Beispiel in den Niederlanden, auch kaum zu. Gewiss wurde im Verlauf der Jahre viel am Entwurf verändert, durch politischen Einfluss (von Politikern, Initiativen oder Medien), durch Veränderungen des Programms und durch Einsparungen. Die verschiedenen Institutionen haben – zum Teil mit weitreichenden Folgen – ihren Einspruch in bezug auf die Gestaltung ihres Gebäude(teil)s geltend gemacht. Aber diese Veränderungen waren nicht auf eine dynamische Art in den Entwurfsprozess zu integrieren. Viel häufiger erwecken sie den Eindruck, als ob sie mit dem Brecheisen und dem Hammer dem bestehenden Plan regelrecht aufgedrückt worden wären. Der Umbau- und Stadterneuerungsprozess musste daher in den Wettbewerbsprozess integriert werden.

Sofern man die Architektur von Ortner & Ortner als „demokratisch" bezeichnen will, wird man als Indiz dafür vor allem eine bestimmte Art der formalen Simulation der Kräftefelder in einer Demokratie heranziehen, bei der die Entwürfe fragmentiert und unter Umständen Elemente und Einflusssphären aus der Umgebung in Form der Ausrichtung der Bauten in den Plan aufgenommen wurden. Dadurch entsteht nicht nur postmoderne Mehrdeutigkeit, so wie sie zum Beispiel von Colin Rowe und Fred Koetter als Entwurfsprinzip in „Collage City" gefordert wurde.[4] Die Unterschiede zwischen den Geometrien werden auch in keiner Weise miteinander versöhnt oder glattge-

which includes residents having the right to raise objections at all levels.

Ortner & Ortner is an office which has always been extremely interested in the significance of democracy in architecture. This interest goes back to the origins of the office in the 1960s, when it was still known as Haus-Rucker-Co and improvised pop group installations and events which presupposed the active participation of the audience. In 1978 Laurids Ortner published an article in Archithese entitled 'Amnestie für die gebaute Realität' (= 'Amnesty for Constructed Reality'), an article that later greatly influenced Rem Koolhaas. In it Ortner characterised the urban landscape of the post-war years as the "visual appearance of democracy". A democracy which, he notes, had had to be bitterly fought for only a century beforehand. That is why he calls for this reality, which "apparently nobody wanted", to be accepted and developed: "The trivial potential which exists here is the basic material from which the culture of the new period will be created."[3] However, in contrast to Koolhaas, Ortner & Ortner have never developed strategies, in the sense of procedures, in order to deal with this democracy within the design process. The Austrian, German and Swiss practice of holding competitions hardly allows for such strategies, unlike in the Netherlands, for example. Certainly many things about the design have changed over the course of the years, through political influence (on the part of politicians, civil initiatives or the media), through changes of programme and through budgetary cuts. The various institutions have – partly with far-reaching success – asserted their rights with regard to the design of their buildings (or their part of them). Yet these changes could not be integrated into the process of design in a dynamic way. Much more frequently they create the impression of having been properly forced into the existing plan with a crowbar and hammer. The process of rebuilding and urban renewal therefore had to be integrated into the process of competition.

Insofar as one seeks to describe the architecture of Ortner & Ortner as 'democratic' one has to look for an indication of it primarily in a certain type of formal simulation of the force fields in a democracy, and this is found in the fact that the designs are fragmented and, in certain circumstances, elementsand spheres of influence from the surroundings are included in the plan in the form of the orientation of buildings. What arises in this way is not simply a post-modern multiplicity of meaning, which has been demanded as a principle by, for example, Colin Rowe and Fred Koetter in Collage City.[4] There is also no attempt whatsoever to reconcile the differences between geometries, nor to even them out. Yet what is important to Ortner is the fact that through the confrontation of different

strichen. Wichtiger für Ortner ist jedoch die Tatsache, dass durch das Aufeinanderstoßen verschiedener Geometrien ungewohnte Zwischenräume entstehen, die nicht nur unvorhersehbare Nutzungsformen ermöglichen, sondern durch ihre Marginalität und Unvollkommenheit die Improvisation geradezu erzwingen und so kreatives Potential und eine gewisse Anarchie freisetzen. Die breite Treppe führt zwar auch zum Eingang des *mumok*, will aber vor allem dem Publikum selbst, das aus dem hinter dem Quartier liegenden Stadtbezirk Neubau über einen Steg ins Areal kommt, die Gelegenheit geben, wie auf dem Broadway einen theatralischen Auftritt auf der Bühne des zentralen Platzes zu haben. Das MuseumsQuartier bietet ein Übermaß an solch ungewohnten Stellen, durch die die Besucher zu einer Bewusstwerdung ihrer Verhaltensweisen gezwungen werden. In Anlehnung an Jacques Derridas Notiz über Bernard Tschumis „Parc de la Villette" könnte man sagen: hier muss die Architektur von Objekten in eine Architektur von Ereignissen umschlagen. Es handelt sich um „points de folie", wo die semantischen und formalen Systeme der Architektur zugunsten des „maintenant" aufgehoben werden.[5] Daher entsteht die Architektur nicht in einem demokratischen Prozess, sondern sie will ihn selber generieren, indem sie Differenzen und Konflikte produziert. Das ist eine Strategie, die in unterschiedlicher Gestalt bei vielen von Ortners Generationsgenossen zum Repertoire gehört: nicht nur bei Tschumi, sondern beispielsweise auch bei Eisenman, Koolhaas und Coop Himmelb(l)au. Tatsächlich handelt es sich um eine Form des Dekonstruktivismus. In diesem Sinne ist Ortner mit dem Prozess des Zustandekommens auch nicht unglücklich: weil er dafür sorgt, dass nichts passt und überall Brüche auftreten. Viel lieber als auf Architekturgeschichte und -theorie verweisen Ortner & Ortner auf die bildende Kunst und die populäre Bildkultur des Films und der Mode. Sie produzieren lieber Bilder und Objekte, die eine gewisse Ambiguität und Rätselhaftigkeit haben, statt sie haarscharf in den einen oder anderen ästhetischen Diskurs einzupassen. Auch das ist eine Konstante in ihrer Arbeit seit den 1960er Jahren bis heute. Die Installationen von Haus-Rucker-Co aus den 1960er Jahren galten in erster Linie dem Evozieren von psycho-physischen, oft sogar psychedelischen Erfahrungen, und waren in ihrer Erscheinungsform popartig. Erst später machte sich der Einfluss der Konzeptkunst und der Arte povera bemerkbar, während Laurids Ortner in seinen Texten immer auf die Photographie und den Film verwies, weil dort viel mehr als in den architekturtheoretischen Texten deutlich wird, wie wir die gebaute Umgebung erfahren, aufnehmen und in einem kollektiv getragenen Bild analysieren. Durch die Kunst, namentlich durch das Werk von Joseph Beuys, wurden Ortner & Ortner nicht nur auf die Rolle

geometries unusual intermediate spaces arise that not only make unpredictable forms of utilisation possible but also, through their marginality and imperfection, practically make improvisation obligatory, so releasing creative potential and a certain anarchy. Although the broad stair does lead back to the entrance to the *mumok*, it also seeks to provide the opportunity for a Broadway-style theatrical entrance onto the stage of the central square, above all for the public itself as it enters the site from the municipal district of Neubau, located behind the Quartier. The MuseumsQuartier offers any number of such unusual places, through which the visitors are forced to become aware of their own ways of behaving. With reference to Jacques Derrida's note about Bernard Tschumi's Parc de la Villette, one would have to remark that here the architecture of objects has flipped over into an architecture of events. It is a matter of 'points de folie', where the semantic and formal systems of architecture are suspended in favour of the 'maintenant'.[5] That is why architecture does not arise in a democratic process, but seeks to generate the process itself, by producing differences and conflicts. This is a strategy which, in various forms, belongs to the repertoire of other colleagues of Ortner's generation as well: not only in the case of Tschumi, but also, for example, in that of Eisenman, Koolhaas and Coop Himmelb(l)au. In actual fact, what we are dealing with here is a form of deconstructivism. In this sense Ortner is not unhappy about the process of the arising, since he can ensure that nothing fits and that fractures appear all over the place.

Rather than architectural history and theory Ortner & Ortner refer to the visual arts and the popular visual culture of film and fashion. They prefer to produce images and objects which have a certain ambiguity and enigma, rather than fitting them precisely into one aesthetic discourse or another. That has also been a constant element in their work from the 1960s till the present-day. The installations of Haus-Rucker-Co in the 1960s were primarily devoted to evoking psycho-physical and often even psychedelic experiences, and were similar to pop-art in their form of manifestation. Only later did the influence of concept art and arte povera make itself felt, while in his texts Laurids Ortner always refers to photography and film, because there, much more so than in architectural texts, it becomes clear how we experience and receive the constructed environment and analyse it in a collectively supported image. Through art, and in particular through the work of Joseph Beuys, Ortner & Ortner not only discovered the role of materials, but also the possibility of suggesting connotations which at the same time remain puzzling. The three large volumes in the MuseumsQuartier – the Museum Leopold, the mumok

Verflechtung mit dem Stadtgewebe: Übergang vom Stadtbezirk Neubau in das MuseumsQuartier|
Integration with the urban fabric: transition from the district of Neubau to the MuseumsQuartier
Foto|photo Rupert Steiner

des Materials gestoßen, sondern auch auf die Möglichkeit der Suggestion von Zusammenhängen, die zugleich rätselhaft bleiben. Die drei großen Volumen im MuseumsQuartier – *Museum Leopold, mumok* und die *Kunsthalle* – versuchen, mit dieser Art von Effekten zu spielen. Sie scheinen alle drei aus jeweils einem einzigen Material gemacht – Kalkstein, Basalt und Klinker. Sogar ihre Dächer und die Innenseiten sind im gleichen Material gestaltet. Auch ist durch das Fehlen von monumentalen Fenstern oder Eingängen auf den ersten Blick nicht ersichtlich, um was für eine Art von Bauwerk es sich handelt. Dadurch entsteht ein Spannungsfeld, das größere, geheimnisvolle Zusammenhänge suggeriert.

Die Architektur von Ortner & Ortner tritt nicht wie ein rationales System in der Stadt auf. Tatsächlich ähnelt sie mehr der Art und Weise, wie Architektur im Film erscheint: als Hintergrund und Atmosphäre, in die Bilder berühmter Gebäude montiert werden, als ob sie das Interieur von anderen seien, und wie historische Gebäude in einem Science-Fiction-Film. Auf diese Art erscheint eines von Frank Lloyd Wrights textilen Blockhäusern als Interieur der Wohnung von Harrison Ford in *Blade Runner*, und die Schlussszenen spielen sich scheinbar im *Bradbury*-Gebäude in Los Angeles ab. *Blade Runner* ist einer von Laurids Ortners Lieblingsfilmen, weil das Zukunftsbild von Los Angeles organisch mit dem Bild von der Gegenwart verbunden ist. So erscheint auch das *mumok* wie ein Raumschiff inmitten seiner historischen Umgebung. Das Innere, mit dem Luftraum und seinen gusseisernen Treppen erinnert an das *Bradbury*-Gebäude. Genau das ist die Art, wie die meisten von uns heute Städte erleben: unsere kollektive Bildgestaltung von New York oder Los Angeles ist zum Teil stärker durch den Film bestimmt als durch den tatsächlichen Besuch. Und das gilt für Wien, wenn man *Der dritte Mann* oder James Bond (*The Living Daylights*) gesehen hat. Wir müssen also nur auf den Regisseur warten, der das MuseumsQuartier als Filmset benutzt und uns damit eine mögliche Geschichte anbietet.

and the Kunsthalle – attempt to play with these kinds of effects. Each of the three seems to be made of one single respective material – chalk, basalt and brick. Even the roofs and the interiors are designed in the same material. The lack of monumental windows or entrances also means that it is not clear what kind of building it is at first glance. This creates a field of tension which suggests larger and more mysterious connotations.

The architecture of Ortner & Ortner does not manifest itself as a rational system in the city. In fact it is more similar to the way in which architecture appears in film: as background and atmosphere, where the images of famous buildings are collaged as if they were the interiors of other ones, like historical buildings in a science-fiction film. In this way one of Frank Lloyd Wright's textile block buildings appears as the interior of Harrison Ford's apartment in *Blade Runner*, in which the key scenes seem to be set in the *Bradbury building* in Los Angeles. *Blade Runner* is one of Laurids Ortner's favourite films, because the future image of Los Angeles is organically combined with the image of the present-day city. In this way the *mumok* also seems like a spaceship in the midst of its historical surroundings. The interior, with its air space and its cast-iron staircase, reminds one of the *Bradbury* building. Precisely that is the way in which most of us experience cities today: our collectively designed image of New York or Los Angeles is, in part, more strongly determined by film than by actual visits. And this also holds true for Vienna, if one has seen *The Third Man* or the James Bond film *The Living Daylights*. We therefore only have to wait for a director to come along and use the MuseumsQuartier as a film set and in doing so provide us with a possible story.

1 Dieter Bogner, in diesem Buch, Seite 33
2 Ulrich Beck, The Reinvention of Politics: Towards a Theory of Reflexive Modernization, in: Beck, Giddens and Lash, Reflexive Modernization, Politics, Tradition and Aesthetics in the Modern Social Order, Polity Press, Cambridge 1994/Blackwell Publishers, Oxford, 1994.
3 Laurids Ortner, Amnestie für die gebaute Realität, *Archithese* 17/18, 1978
4 Colin Rowe, Fred Koetter, Collage City, Basel/Boston/Berlin, 1984
5 Jacques Derrida, Point de Folie/Maintenant l'architecture, Forum 32-2, May 1988

1 Dieter Bogner, in this book, page 33
2 Ulrich Beck, 'The Reinvention of Politics: Towards a Theory of Reflexive Modernization', in: Beck, Giddens and Lash: *Reflexive Modernization, Politics, Tradition and Aesthetics in the Modern Social Order*, Polity Press, Cambridge 1994/Blackwell Publishers, Oxford, 1994
3 Laurids Ortner, 'Amnestie für die gebaute Realität', *Archithese* 17/18, 1978
4 Colin Rowe, Fred Koetter: *Collage City*, Basel/Boston/Berlin, 1984
5 Jacques Derrida: 'Point de Folie/Maintenant L'Architecture', *Forum 32-2*, May 1988

Der schöne Schein
Anpassung als Wiener Bauprinzip|
Beautiful Appearances
Assimilation as a Viennese Building Principle

Von|by Margaret A. Gottfried

So wie sich das MuseumsQuartier heute dem Besucher präsentiert, scheint seine Baugeschichte relativ simpel zu sein: da gibt es einerseits (frisch renoviert) Barockes und andererseits Modernes. Wenn man jedoch die Bauinschriften in Augenschein nimmt, wird die Sache schon komplizierter. Über dem Haupteingang steht:
Carolus.VI.rom.imp.aug.aedem e. fundamentis.erexit. MDCCXXIII.
Franciscus.aust.imp.aug.instauravit.et.ampliavit.MDCCCXV.[1]
Auf der Winterreithalle im Haupthof liest man: FRANZ JOSEPH.I. MDCCCLIV.[2] Demzufolge hat auch das 19. Jahrhundert hier kräftig mitgemischt. Unter Karl VI. wurde vom barocken Projekt der kaiserlichen Hofstallungen nur ein Teil verwirklicht, der 364 Meter lange Trakt an der heutigen Museumstraße (siehe den Beitrag von Hellmut Lorenz, S. 18). In der zweiten Hälfte des 18. Jahrhunderts wurden entlang der Burggasse und im Hof zusätzliche Gebäude errichtet (Abb. S. 24-25).
Die baulichen Veränderungen von 1815, unter Kaiser Franz, waren aus zwei Gründen notwendig geworden: 1809 hatten die Franzosen bei der Belagerung der Stadt die Tatsache genutzt, dass das Terrain hinter den Hofstallungen sehr stark ansteigt. Durch Schusswechsel waren der barocke Nutzbau und der dahinter liegende Spittelberg stark in Mitleidenschaft gezogen worden – 578 Treffer waren zu verzeichnen. So entschloss man sich 1815, die beschädigten Aussichtstürme über den Seitenrisaliten, den Giebel des Mittelrisalits sowie die der mittleren Pavillons der Flügel des Fischer-von-Erlach-Traktes abzutragen.[3] Zum anderen wurden für den Wiener Kongress (18. 9. 1814– 9. 6. 1815) vermehrt Pferde- und Kutschenplätze benötigt. Die in der Bauinschrift erwähnte Vergrößerung lässt sich jedoch heute schwer nachvollziehen. Wahrscheinlich wurde das Mezzanin im Erdgeschoss des Haupttraktes eingezogen,[4] ein kurzer Trakt an der Ecke Mariahilfer Straße errichtet und entlang der Breite Gasse bauliche Veränderungen vorgenommen. Eine etwaige Vorstellung davon gibt der Vergleich des Stadtplanes um 1770 (Abb. S. 24) mit dem aus dem Jahre 1850 (Abb. 1).
1845 wurden die Hofstallungen renoviert (um dann bei der Revolution 1848 wieder stark in Mitleidenschaft gezogen zu werden). Bis zur Mitte des 19. Jahrhunderts war das Areal der Hofstallungen von einer regellosen Ansammlung diverser Gebäude geprägt. Die Innenfassade des Fischer-von-Erlach-Baues war noch nicht so gestaltet, wie wir sie heute kennen; die Miniaturvedute von Balthasar Wigand (1770–1846, Abb. 2) zeigt dies ganz deutlich. Eine Photographie aus dem Jahre 1898 (Abb. 3), zeigt völlig andere Gegebenheiten: Die vorherige „Unaufgeräumtheit" des Areals ist einer Regelhaftigkeit gewichen, ganz nach dem Geschmack der zweiten Hälfte des

From the way the MuseumsQuartier is being presented to the visitor today, one might imagine that its architectural history is relatively simple: on the one hand there is (the freshly renovated) Baroque and on the other hand modernism.
Yet if one takes a closer look at the architectural inscriptions the matter becomes rather more difficult. Above the main entrance is written:
Carolus.VI.rom.imp.aug.aedem e. fundamentis.erexit.MDCCXXIII.
Franciscus.aust.imp.aug.instauravit.et.ampliavit.MDCCCXV.[1]
On the Winter Riding Hall in the main courtyard may be read: FRANZ JOSEPH.I.MDCCCLIV.[2] This shows that the 19th century has also been involved significantly. Under Karl VI the Baroque project of the Imperial riding stables was only partially realised, namely the 364-metre-long section along what is today Museumstrasse (see the article by Hellmut Lorenz, p. 18). In the second half of the 18th century additional buildings were constructed along Burggasse and in the courtyard (cf. p. 24, 25).
The architectural changes of 1815, undertaken during the reign of Emperor Franz, had become necessary for two reasons: in 1809, during the siege of the city, the French had made use of the fact that the terrain behind the court stables inclined very steeply. The Baroque building and the Spittelberg district situated behind it had been badly damaged by exchanges of fire – 578 hits were recorded. Therefore in 1815 it was decided to remove the damaged watchtowers above the side projections, the gable of the middle projection, as well as those of the central pavilion of the wing of the Fischer von Erlach section.[3] On the other hand, for the Congress of Vienna (18.9.1814 to 9.6.1815) space was increasingly needed for the horses and carriages. However it is today difficult to visualise the enlargements mentioned in the building inscriptions. In all probability the mezzanine on the ground floor of the main section was inserted,4 a short section constructed on the corner of Mariahilfer Strasse and architectural alterations undertaken along Breite Gasse. Some idea of what it was like at the time may be obtained by comparing a map of the city from around 1770 (cf. p. 24) to one from the year 1850 (ill. 1).
In 1845 the court stables were renovated (only to once again suffer further damage during the Revolution of 1848). Up until the mid-19th century the site of the court stables was an irregular collection of different buildings. The interior facade of the Fischer von Erlach building had not been designed in the way that we know it today – as may be seen quite clearly from the miniature veduta by Balthasar Wigand (1770-1846, ill. 2). A photograph from the year 1898 (ill. 3) shows a completely different situation: the previous 'untidiness' of the site had given way to a regularity, very much in accordance with the

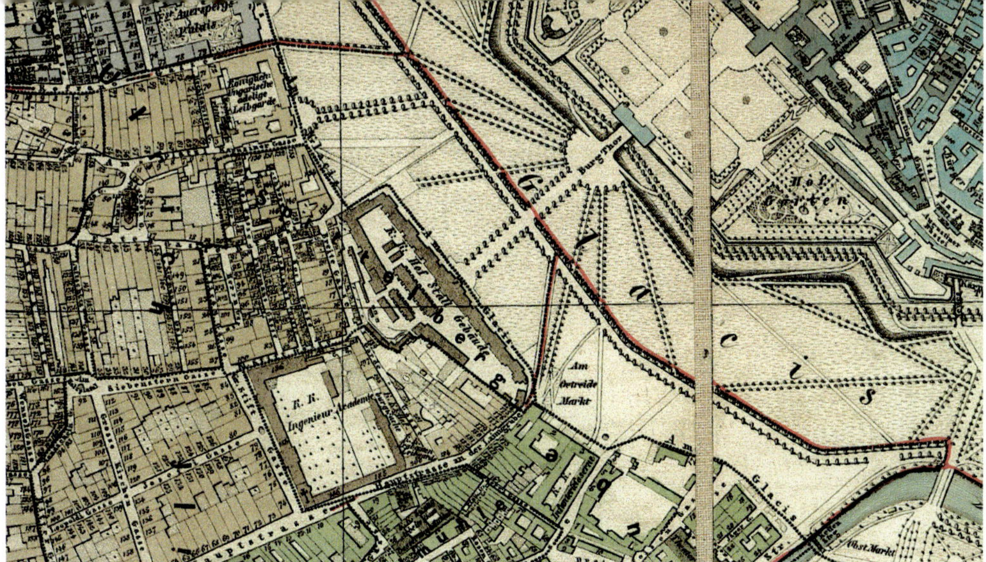

1
Ausschnitt aus dem Stadtplan von Wien, 1850 | Detail from a map of Vienna, 1850
Archiv der Autorin | The author's archives

2
**Balthasar Wigand, „In dennen K.K. Stallung den 17. Dezember 1834": Wagenauffahrt im Hof des Hofstallgebäudes
in Wien. Gouache, ca. 14x22 cm. In der Hofmitte die Winterreitbahn, am rechten Bildrand ein Stallgebäude.
Dies entspricht nicht ganz der Realität, denn die Reithalle war viel näher gegen die Burggasse situiert |
Balthasar Wigand, Carriage procession in the courtyard of the Court stable building in Vienna. The winter riding
hall in the middle of the courtyard, a stables building on the right edge of the image. In reality, the riding hall was
situated far closer to the Burggasse end.**
Bildarchiv der Österreichischen Nationalbibliothek | The Austrian National Library Image Archives

19. Jahrhunderts. Die Innenfassade des Hauptbaues erstrahlt in neo-barockem Glanz. Die Fenster sind vergrößert, ein Balkon am Mittelrisalit hinzugefügt und die „Verhüttelung" ist durch Terrassen beseitigt. Nur die barocken Stiegenhäuser ragen über diese Umbauten an der Innenfassade (auch heute noch) hinaus. Nach Abriss der Altbauten (bis auf die barocken Teile) waren im mittleren Hof eine neue Winterreitschule mit Ställen, Wagenremisen und Werkstätten sowie dahinter eine Sommerreitbahn entstanden. Der Trakt gegen die Mariahilfer Straße war verlängert und mit dem Altbau verbunden worden. Fürstenhof und Staatsratshof sowie der Ovaltrakt gegen die Breite Gasse wurden hinzugefügt.

Diese Ein- und Zubauten orientieren sich nicht nur im Grundriss am barocken Vorbild (vgl. S. 43 und das Präsentationsblatt von Katzler, S. 49), sondern sind auch stilistisch derart an den von Fischer von Erlach (Vater und Sohn) errichteten Trakt angepasst, dass der uneingeweihte Betrachter erstaunt

taste of the second half of the 19th century, and the interior facade of the main building radiates a neo-Baroque splendour. The windows had been enlarged, a balcony in the middle projection added and the series of small buildings replaced with terraces. Only the Baroque staircases still towered above these conversions to the interior facade (as they also do today). After demolishing the old buildings (apart from the Baroque parts) a new Winter Riding School had arisen in the middle courtyard, with stalls, carriage sheds and workshops, as well as a summer riding course. The tract towards Mariahilfer Strasse was extended and connected with the old building. The courtyards called Fürstenhof and Staatsratshof were added, as was the oval section towards Breite Gasse. These insertions and additions are not only oriented to the Baroque model in their layout (cf. p. 43 and Katzler's presentation sheet, p. 49), but are also stylistically adapted to the section constructed by the Fischers von Erlach (both father

3
Blick vom Dach des Hauses Burggasse 2 gegen die Hofstallungen, 1898. Im Vordergrund ist das Dach des „Oktogons", die „Runde Reitschule", fälschlich auch unter den Namen „Kinderreitbahn" oder „Sisi-Reitschule" bekannt, sichtbar|
View from the roof of the house at 2 Burggasse looking towards the stables, 1898. Visible in the foreground is the roof of the Oktogon. Die Runde Reitschule (round riding hall), erroneously known as the "children's hippodrome" or "Sisi's Riding School"
Bildarchiv der Österreichischen Nationalbibliothek|The Austrian National Library Image Archives

reagiert, wenn er hört, dass das meiste, das in diesem Areal so „barock" daherkommt, nur ca. 150 Jahre alt ist. Und erstaunlich ist dies auch für KunsthistorikerInnen. Denn zu der Zeit, als dies unter der Leitung von Hofstall-Gebäudeinspektor Josef Lang vom Hofbaumeister Leopold Mayr ausgeführt wurde, war Neo-Barock nur in der Inneneinrichtung gebräuchlich; die Architektur des frühen Historismus orientierte sich eher an der Gotik und am englischen Schlossbau. Erst 50 Jahre später sollte der barocke Überschwang wieder sehr populär werden, wiewohl auch schon Kaiser Franz Joseph eine große Vorliebe dafür hatte. 1851 jedoch, als die Vollendung der kaiserlichen Hofstallungen im Sinne der ursprünglichen Planung Johann Bernhard Fischers von Erlach projektiert wurde, war das Aufgreifen des barocken Formenrepertoires am Außenbau fast ein reaktionärer Schritt.

Vergegenwärtigt man sich die Ausgangssituation auf dem Areal der Stallungen (Abb. 1 u. 2), so kann man den enormen Umfang der Bauarbeiten ermessen. Eigentlich waren die Zeiten kaum für kaiserliche Repräsentationsbauten geeignet. Der damals 18jährige Franz Joseph war erst am 2. Dezember 1848 nach der Revolution seinem Onkel Ferdinand auf den Thron gefolgt, und die Zeiten waren nach wie vor unruhig – es gärte in ganz Europa und ein imperiales Repräsentationsprojekt konnte nur provokant wirken. Am 16. Mai 1851 wurde die Baugenehmigung erteilt, der Kostenvoranschlag belief sich auf 300.000 Gulden.[5] Die Grundsteinlegung für das Hofstallgebäude fand 1853, für die Reithalle am 19.11.1854 im Beisein des Kaiserpaares statt. 1856 wurde Josef Lang wegen Vollendung des neuen Stallbaues belobigt.[6]
All dies spielte sich unter allergrößter Geheimhaltung ab:[7]

and son) to such an extent that the uninitiated visitor is astonished to hear that most of what seems so Baroque in this site is actually only about 150 years old. And this is also astonishing for art historians. For at the time when these alterations were carried out, by the court architect Leopold Mayr under the direction of Josef Lang, the building inspector at the court stables, neo-Baroque was only usual in the interior furnishings; the architecture of early historicism tends to be oriented to the Gothic style and to English castle building. It was not until 50 years later that the Baroque exuberance once again became highly popular, although Emperor Franz Joseph already had a great predilection for it. However, in 1851, which was the projected date for the completion of the Imperial court stables according to the original plans of Johann Bernhard Fischer von Erlach, the adoption of Baroque formal repertoire on the exterior of the building was an almost reactionary step.

One can gauge the enormous extent of the building work if one views the initial situation on the site of the stables in present-day terms (ill. 1 and 2). Actually the time was hardly suitable for representative Imperial buildings. Franz Joseph, who was 18 years old at that time, had only succeeded his uncle Ferdinand to the throne on 2nd December 1848, in the wake of the Revolution, and times were still as restless as before –trouble was brewing all over Europe, and a project of Imperial representation could only have seemed provocative. On 16th May 1851 building permission was granted, the proposed costs amounting to 300,000 Gulden.[5] The ceremony of laying the foundation stone for the court stables was held in 1853, that for the Riding Hall on 19.11.1854, in the pres-

4
Haupthof gegen den Mittelrisalit der Winterreitschule. Davor mehrspänniger Leichenwagen |
Main courtyard towards the middle projection of the Winter Riding Hall. In front a hearse
Bildarchiv der Österreichischen Nationalbibliothek | The Austrian National Library Image Archives

Der eigentliche Entwerfer blieb unbekannt, die Baupläne wurden den Beteiligten nur kurzfristig ausgehändigt und Berichte in der ausländischen Presse über dieses Bauprojekt zeitigten wütende Reaktionen des Wiener Hofes. Erst nach der Liberalisierung von 1860[8] wurde dieser gigantische Neubau auch publik gemacht: die Stadt- und Bezirkspläne von 1863 zeigen erstmals den neuen Grundriss der Hofstallungen.

Ende der 60er Jahre wurde der Trakt an der Burggasse begradigt und das dort befindliche Wasserreservoir abgerissen. Dadurch entstand das „Kleinste Haus von Wien", denn durch diese Maßnahme war das Eckhaus an der Breite Gasse seiner vorderen Hälfte beraubt worden.

Die Pferdegruppe, die die Winterreitschule bekrönte (Abb. 4), existierte noch bis in die 1960er Jahre. Mit dem Aufkommen des Automobils wurden im Fürstenhof die Wagenremisen in Garagen umgebaut, statt der Fenster wurden Tore eingesetzt. Nach dem Ende der Monarchie zog 1921 die Wiener Messe in die nun funktionslos gewordenen Hofstallungen ein und der Name änderte sich in „Messepalast". Die größte Veränderung am äußeren Erscheinungsbild bewirkte 1922 das Ausbrechen von zwei zusätzlichen Einfahrtstoren im Mittelrisalit an der Museumstraße.

In den einzelnen Höfen wurden sowohl vor als auch nach dem Zweiten Weltkrieg Hallen von minderer Bauqualität für Ausstellungszwecke eingefügt (Abb. 5). 1937 entstand auf dem Areal der Sommerreitschule die Halle E1 (Architekt Georg Rupprecht) und da das Dach bald nach Fertigstellung einzustürzen drohte, mussten 1939 Säulen eingestellt werden. Ebenfalls 1937 wurde in den Trakt an der Mariahilfer Straße das Non Stop-Kino (seit 1972 Residenz-Kino) eingebaut.

ence of the Emperor and Empress. In 1856 Josef Lang was commended for completion of the new stables building.[6] All this happened under the greatest possible secrecy:[7] the actual designer remained unknown, the building plans were only issued at short notice and reports in the foreign press about the building project produced angry reactions form the Viennese court. It was only after the liberalisation of 1860[8] that this gigantic new building was also publicly announced: the municipal and district maps of 1863 show the new layout of the court stables for the first time.

At the end of the 1860s the section along Burggasse was levelled out and the water reservoir situated there demolished. In this way the 'Smallest House in Vienna' was created, since these measures meant that the house on the corner of Breite Gasse was deprived of its front half.

The group of horses which crowned the Winter Riding School (ill. 4), continued to exist until the 1960s. With the coming of the automobile the carriage shed in the Fürstenhof courtyard was converted into garages, and the windows were replaced with gates.

In 1921, after the end of the monarchy, the Vienna Trade Fair moved into the now unused court stables and the name was changed to 'Messepalast'. The great changes made to the outer appearance in 1922 occasioned the breaking through of two additional entrance gateways in the central projection on Museumstrasse. Both before and after the Second World War halls of lesser quality were inserted in the individual courtyards for exhibition purposes (ill. 5). In 1937 Hall E1 (architect Georg Rupprecht) was built on the site of the Summer Riding School and, since the roof soon threatened to cave in soon

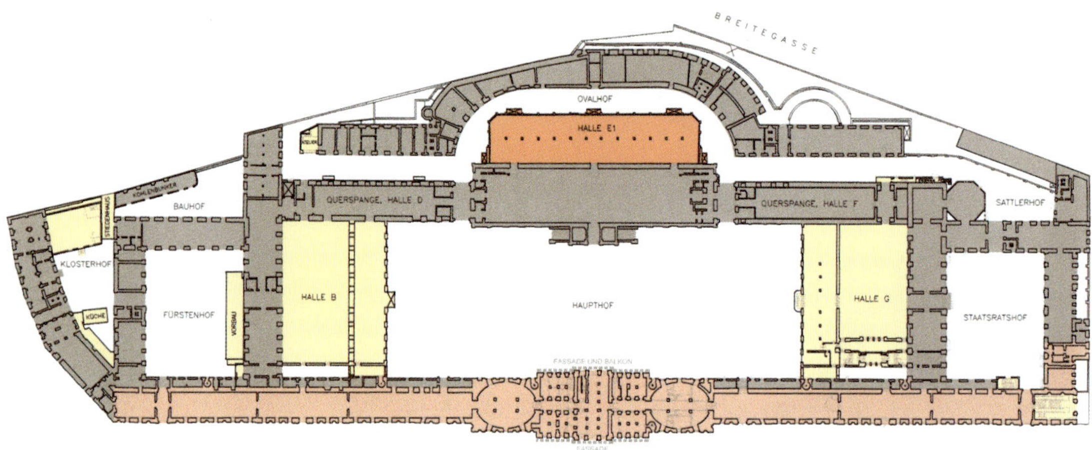

5
Baualterplan vor Baubeginn des MuseumsQuartiers |
Plan showing age of sections of the complex prior
to the start of construction
ARGE Ortner & Ortner and Manfred Wehdorn

▢ **Die barocke Phase | the Baroque phase, 1721–1725 (J.B. und | and**
J.E. Fischer von Erlach)
▢ **Die Phase des Historismus | the Historicist phase, um | circa 1855**
(Bmst. Leopold Mayr)
▢ **Die Bauphase der Zwischenkriegszeit | the phase between the wars,**
1918–1938
▢ **Die Bauphase der Nachkriegszeit | the post-war phase, seit | after 1945**

Im fertigen MuseumsQuartier wird dort der Große Saal des Theaterhauses für Kinder seinen Platz finden.

Die Hallen B und G im Haupthof wurden um 1948 errichtet und der Saal von Requat & Reinthaller für das Tabakmuseum im Klosterhof wurde 1980 hinzugefügt. Ende 1979 wurde die Tiefgarage an der Museumstraße in Betrieb genommen und zu dieser Zeit begannen bereits die Diskussionen über eine Kapazitätserweiterung der Bundesmuseen auf dem Areal des Messepalastes. 1997 wurde vom Bundesdenkmalamt die Genehmigung für den Abriss der beiden Quertrakte (Halle D und F) zwecks Errichtung der Museumsneubauten erteilt ....

after completion, pillars had to be fitted in 1939. Also in 1937 the non-stop cinema (after 1972 called the Residenz cinema) was constructed in the section on Mariahilfer Strasse. In the finished MuseumsQuartier the main hall of this theatre will be a place for children.

Halls B and G in the main courtyard were constructed in 1948, while in 1980 the Requat & Reinthaller hall was added for the Tobacco Museum in the Monastery Courtyard. At the end of 1979 the underground garage in Museumstrasse was opened and it was at this time that discussions began about an extension of the capacity of the Federal Museums on the site of the Messepalast. In 1997 the Federal Office for the Preservation of Historical Monuments granted permission to demolish the two cross structures (halls D and F) for the purpose of constructing the museum buildings...

1 Unter Kaiser Karl VI. wurde das Gebäude 1723 errichtet, unter Kaiser Franz 1815 erneuert und vergrößert.
2 1854, das Jahr der Heirat des Kaisers und wie wir später sehen werden, auch das der Grundsteinlegung für die Reithalle.
3 *Aurenhammer, Hans*: Johann Bernhard Fischer von Erlach. Ausstellung anlässlich der 300. Wiederkehr seines Geburtstages. Wien 1956, S. 182ff.
4 Für sehr aufschlussreiche Gespräche danke ich den Herren Hellmut Lorenz, Günther Rath und Michael Wistawel.
5 Dies entspricht in etwa 2,2 Mio. EUR, ein stolzer Betrag für Pferdeställe.
6 Lt. Sitzungsprotokoll des Obersthofmeisteramtes. Für diese Daten konnte ich dankenswerter Weise auf die Forschungen von Walter Krause zurückgreifen. Siehe dazu auch u.a.: *Polleroß, Friedrich (Hrsg.)*: Fischer von Erlach und die Wiener Barocktradition, Wien, Köln, Weimar 1995, S. 315ff.
7 Das ging so weit, dass sogar zu diesem Zeitpunkt Pläne mit dem Altbestand von vor 1851 fabriziert wurden.
8 Als Folge des Debakels der Schlacht bei Solferino, 24.6.1859.

1 Built in 1723 under Emporer Karl VI, rebuilt and enlarged under Emporer Franz Joseph in 1815.
2 1854, the year of the Emporer's wedding and, as we shall see later, also for the laying of the foundation stone for the Riding Hall.
3 *Aurenhammer, Hans*: Johann Bernhard Fischer von Erlach. An exhibition to commemorate the 300th anniversary of his birth. Vienna 1956, Pp 182ff
4 I should like to thank Hellmut Lorenz, Günther Rath and Michael Wistawel for their very informative conversation.
5 This is the equivalent of about EUR 2,200,000 – a princely sum for stables.
6 According to minutes taken from a meeting of the Obersthofmeis-teramt. I was able to ascertain this information from Walter Krause's research, for which I am grateful. Cf., inter alia, *Polleross, Friedrich (Ed.)*: Fischer von Erlach und die Wiener Barocktradition, Vienna, Cologne, Weimar 1995, Pp 315ff
7 This went so far that plans were even drawn up at this time using the original stock dating back to before 1851.
8 As a result of the Battle near Solferino fiasco, 24.06.1859.

Fotonachweis für den Beitrag | photo credits, essay „Stadterweiterung und Kaiserforum" (S. 26-32)
Abb.1, 3, 7: Historisches Museum der Stadt Wien
Abb. 2: Kupferstichkabinett der Akademie der Bildenden Künste in Wien
Abb. 4–6: Haus-, Hof und Staatsarchiv, Planarchiv der Burghauptmannschaft Wien
Abb. 8: Wagner-Schule 1902
Abb. 9: Schönthal, Otto: Das Ehrenjahr Otto Wagners. Wien 1912
Abb. 10, 11: Wiener Stadt- und Landesarchiv
Abb. 12: Klaus Steiner, Wien

Eine Gesamtdarstellung der Planungen des Kaiserforums | of the planning of the Kaiserforum in:
Margaret Gottfried, Das Wiener Kaiserforum – Utopien zwischen Hofburg und MuseumsQuartier, Imperiale Träume und republikanische Wirklichkeiten von der Antike bis heute, Böhlau Verlag Wien

Das MuseumsQuartier | The MuseumsQuartier

Von | by Wolfgang Waldner

Das MuseumsQuartier Wien ist in jeder Hinsicht ein Raum mit außergewöhnlichen Dimensionen. Zwischen der Errichtung der kaiserlichen Hofstallungen und der Eröffnung des weltweit achtgrößten Kulturareals liegen nahezu 300 Jahre. Das MuseumsQuartier Wien ist nicht nur das größte Kulturvorhaben in der Geschichte der österreichischen Republik, sondern wohl auch eines der meistdiskutierten. Über Jahrzehnte wurde das 60.000 m² große Kulturareal mitten im Zentrum der Stadt diskutiert, modifiziert und geplant. Ein alles überragender Leseturm im MuseumsQuartier wurde nach langen Debatten nicht verwirklicht. Auch wenn dieses architektonische Symbol heute fehlt, ist das MuseumsQuartier eine alles überragende Kulturlandschaft geblieben. Am Eröffnungswochenende zwischen 28. und 30. Juni 2001 besteht die Möglichkeit, diesen bewegten Raum zu betreten, um das vieldiskutierte Spannungsfeld zwischen Vergangenheit und Zukunft, Kulturtourismus und Naherholung, Hochkultur und Szene direkt im Epizentrum zu erleben.

In bezug auf seine Funktion entzieht sich der Raum „MuseumsQuartier" sämtlichen bisherigen Klassifizierungen. Der Komplex ist zugleich experimentelles Kulturlabor, Museum und zeitgenössischer Veranstaltungsort. Es ist ein gewagter Balanceakt zwischen Barock und Cyberspace, der das MuseumsQuartier Wien in das Zentrum der internationalen Aufmerksamkeit gerückt hat. Die Architekten Laurids und Manfred Ortner sowie Manfred Wehdorn haben den architektonischen Rahmen geschaffen, um diesem weltweit einzigartigen Experiment einen entsprechenden Raum zu geben. Für das städtische Umfeld in Wien ergeben sich vollkommen neue Achsen und Räume, die bis jetzt in keiner offiziellen Stadtkarte eingezeichnet waren. Rund um das MuseumsQuartier zeichnen sich heute immer deutlicher die Umrisse eines Kulturbezirkes ab, der über die Jahre natürlich gewachsen ist. Dazu gehören die großen Bundesmuseen ebenso wie die kleinen Kulturbetriebe in der unteren Gumpendorfer Straße, die Galerien im Schleifmühlviertel oder die Gastronomieszene am Spittelberg.

Als Kulturschauplatz ist das MuseumsQuartier mindestens ebenso kontroversiell wie es vielfältig ist. Und die Bandbreite der inhaltlichen Angebote ist groß: Es sind Kulturinstitutionen verschiedenster Disziplinen und Sparten, die an einem Ort faktisch Tür an Tür residieren. Große Kunstmuseen wie das Leopold Museum und das mumok – Museum Moderner Kunst Stiftung Ludwig Wien neben einem europaweit einzigartigen Kindermuseum. Ein modernst ausgestattetes Tanzquartier neben einem Architekturzentrum. Die Wiener Festwochen neben Artists-In-Residence Ateliers und Multimediastudios. Gleich daneben Bars, Bookshops, Restaurants und Cafés.

Die Hardware des MuseumsQuartier Wien steht unmittelbar vor ihrer Fertigstellung. Die spannendsten Geschichten über das MuseumsQuartier Wien sind aber noch gar nicht geschrieben. Aber Sie sollten sich am besten selbst überzeugen.

The MuseumsQuartier in Vienna is in all respects a space with extraordinary dimensions. There are almost 300 years between the completion of the imperial stables and the opening of the 8th largest culture venue in the world. The MuseumsQuartier is not only the largest culture project in the history of the Republic of Austria, but also probably the most debated. Over a period of decades the 60,000m² grounds were the subject of discussions, modifications and planning. A reading tower in the MuseumsQuartier which was to have projected out over the whole thing was, following a protracted debate, not realised. Even if this architectural symbol is missing today, the MuseumsQuartier remains a culture landscape that dominates everything. On the opening weekend between 28th-30th June 2001 it will be possible to enter this emotive space, to experience the much-discussed field of tension between the past and the future, culture tourism and relaxation, high culture and the local scene, directly at its epicentre.

In terms of its function as a space the MuseumsQuartier has managed to avoid all forms of classification to date. The complex is simultaneously an experimental cultural laboratory, a museum and a venue for contemporary events. It is a courageous balancing act between the baroque and cyberspace that has pushed the MuseumsQuartier into the centre of international attention. The architects Laurids and Manfred Ortner, as well as Manfred Wehdorn have created the architectural space to provide an appropriate site for what is a unique experiment anywhere in the world. Entirely new sets of axes and spaces have been provided for the urban surroundings in Vienna, and these have yet to be drawn into the official maps of the city. Today the outline of a culture district is emerging more clearly around the MuseumsQuartier, one that has grown naturally. It is comprised of the large national museums just as much as of the small culture facilities in the lower end of Gumpendorfer Strasse, the galleries in the Schleifmuhl quarter or the restaurants and bars of Spittelberg.

As a cultural arena the MuseumsQuartier is as controversial as it is diverse. And the breadth of what is on offer in terms of content is large: There are culture institutions of the most varied of disciplines and fields, which are *de facto* residing next door to one another in one place. Large art museums such as the Leopold Museum and the Museum of Modern Art Ludwig Foundation are alongside a children's museum unique of its kind in Europe. A state-of-the-art dance quarter alongside an architecture centre. The Vienna Festival alongside studios for artists-in-residence and multimedia studios. Directly next to these are bars, bookshops, restaurants and cafés.

The hardware for the MuseumsQuartier is just about to reach completion. The most exciting stories about the MuseumsQuartier in Vienna have, however, not even been written yet. But you really ought to go there to see if for yourself and make up your own mind.

Dr. Wolfgang Waldner ist Direktor des MuseumsQuartier Wien

Wolfgang Waldner is the director of the MuseumsQuartier Wien

Die barocken Hofstallungen Fischers von Erlach | Fischer von Erlach's Baroque Stables Building

Von | by Hellmut Lorenz

7
Ansicht der ehem. Hofstallungen mit Neubauten, Mai 2001|
View of the former court stables, May 2001
Foto|photo Rupert Steiner

Planungs- und Baugeschichte

Der ab 1719 errichtete Bau der Hofstallungen steht am
Beginn der barocken Neugestaltung der Hofburg durch Kaiser
Karl VI. und Johann Bernhard Fischer von Erlach[1]. Der erste
Neubau im Residenzareal seit mehr als einem halben Jahrhundert ist zugleich auch das einzige Bauwerk, aus dem ersichtlich wird, dass die Planungen der Hofburg im Sinne einer
modern-barocken Urbanistik über den vom Hofkriegsrat streng
überwachten Befestigungsgürtel Wiens hinausgegriffen haben.
Erste Ideen dazu dürften bereits während der kurzen Regierungszeit Josephs I. (1705-1711) entwickelt worden sein.
Nach einem kurzen und leider nur wenig anschaulichen Hinweis in einer posthum erschienenen Lebensbeschreibung des
Kaisers war beabsichtigt, eine „neue kayserliche Residentz ...
an die Stadt anzuhängen"[2]. Damit wird immerhin klar, dass
hier bereits (wohl ebenfalls von Fischer von Erlach) eine Aus-
weitung der Residenz über die Befestigungen hinaus geplant
war – andernorts in diesen Jahren bereits eine urbanistische
Selbstverständlichkeit, in Wien hingegen ein erstaunliches
Novum. Konkrete Pläne für die architektonische Neuordnung
der Hofburg konnte Fischer jedoch erst in der Regierungszeit
Kaiser Karls VI. (1711-1740) entwickeln.

History of the Planning and Construction

The construction of the court stables, which started in 1719,
lies at the start of the baroque redesign of the Hofburg by
Johann Bernhard Fischer von Erlach[1] under the Emperor Karl
VI. The first new building at the imperial Residenz for more
than half a century is also the only building which indicates
that the planning of the Hofburg within the context of a
modern-baroque urbanism extended beyond Vienna's ring of
fortifications, which was strictly supervised at the time by the
Court Council of War. The first ideas in this respect appear to
have developed during the short reign of Joseph I (1705-
1711). According to a brief and sadly none too illuminating
reference in a description of the Kaiser's life which appeared
posthumously, the intention was "to attach a new imperial residence to the city".[2] This makes it clear that even at this stage
an expansion of the Residenz beyond the fortifications was
planned (most likely by Fischer von Erlach). An idea which in
other cities would have seemed entirely natural at that time
represented an astonishing novelty in Vienna. However Fischer
von Erlach was not in a position to develop concrete plans for
an architectural reorganisation of the Hofburg until the reign of
the Emperor Karl VI (1711-1740).

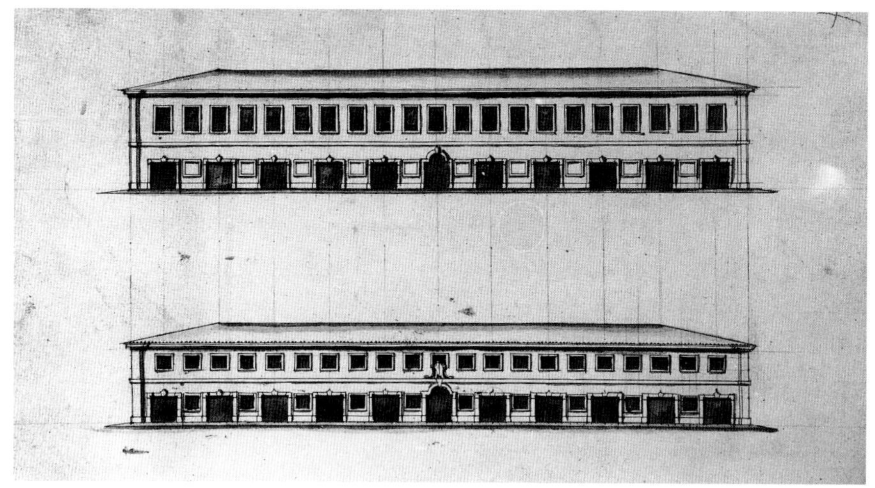

1
Carlo Fontana, Entwurf für die „Scuderie Imperiali di Vienna", um 1695 (?) – Detail; Rom, Coll. Lanciani |
Carlo Fontana, design for the Scuderie Imperiali di Vienna, circa 1695

Dass die Umgestaltung des Residenzareales mit dem Neubau der Stallungen ihren Anfang nahm, lässt sich aus funktionalen Notwendigkeiten erklären: Schon seit langem hatte die Versorgung der kaiserlichen Pferde und Kutschen, die bislang zumeist weit verstreut in einzelnen Privathäusern der Innenstadt untergebracht waren, zu schweren Unzukömmlichkeiten geführt (mangelnde Hygiene, ungenügende Pflege, komplizierte Logistik etc.). Bereits 1659 war aus diesen Gründen der Bau einer kaiserlichen Stallung für etwa 200-300 Pferde entlang der Basteimauern nahe der Hofburg angeregt worden[3]. Das Vorhaben kam jedoch nicht zustande, ebenso wenig wie ein weiteres Projekt, das der Architekt Carlo Fontana um 1695 aus Rom übersandt hatte (Abb. 1)[4]: Fontanas Zeichnungen zeigen einen architektonisch recht unspektakulären Nutzbau, der ebenfalls noch für einen Ort an den Mauern zwischen Burg- und Löwelbastei bestimmt war.

Erst im Jahr 1718 treten die Planungen in ein konkretes Stadium – nunmehr für 600 Pferde und in monumentalem Maßstab. Als Bauplatz war jetzt ein langgestrecktes Areal vis-à-vis der Hofburg, am Rande der Vorstadt Mariahilf vorgesehen (vgl. Abb. 10). Hier befand sich bereits der kaiserliche „Geflügel-Hof" mit einem großen Garten. Der Bauplatz lag jedoch teilweise im „Abbruch", d.h. innerhalb jenes 200 Klafter breiten Gürtels um die Stadtmauern Wiens, der von jeder Bebauung freizuhalten war; eine entsprechende Resolution hatte Kaiser Leopold I. unmittelbar nach der Türkenbelagerung von 1683 erlassen. Selbst für den kaiserlichen Auftraggeber war daher eine Baugenehmigung des Hofkriegsrates einzuholen. Das vom Hofbaudirektor Graf Gundaker Althan gestellte Ansuchen für „das projectirte Stallungsgebäu, so bereits ausgesteket" vom August 1718[5] stieß bei der Militärbehörde zunächst auf Bedenken, da sich der gesamte Fassadentrakt mehr als 20 Klafter innerhalb der Abbruchszone befand, wie auf dem beiliegenden Lageplan (Abb. 2)[6] genau verzeichnet ist. In seiner Antwort vom September 1718 verwies der Hofkriegsrat daher zunächst nachdrücklich auf die Resolution Leopolds I. von 1683 und ließ vermelden, dass diese bisher mit „allmöglicher accuratezza observiret" worden sei. Wäre das Bauansuchen von „einem Privatum" gestellt worden, so hätte es abgelehnt werden müssen; da nun aber „obbemeldte stallungen immediate von Ihro Maj. Dienste angetragen", habe man sich entschlossen, den Bau „in Gnaden" zu genehmigen. Eine weitere Eingabe unmittelbar vor Baubeginn (Abb. 3)[7] weicht nur in Details (breiterer Mittelrisalit) davon ab, was immerhin erkennen lässt, dass zwar die Grundidee eines ungeheuer langen Fassadentraktes bereits festgelegt war, noch nicht aber Einzelheiten der Baukörperverteilung und Fassadengliederung.

The fact that the redesign of the area around the Residenz started with the construction of the new stables can be explained in terms of functional necessity. For a considerable period the care of the imperial horses and coaches, which were kept in different private buildings scattered throughout the city, had led to difficulties (inadequate hygiene, unsatisfactory grooming, organisational complications etc.). For these reasons in 1659 the erection of an imperial stables for about 200-300 horses was proposed[3] along the bastion walls, close to the Hofburg. This project was not carried out nor was a further project which Carlo Fontana had sent from Rome in 1695 (ill.1).[4] Fontana's drawings show an architecturally unspectacular functional building also intended for a position along the walls between Burgbastei and Löwelbastei.

It was in 1718 that planning reached a concrete stage, this time for 600 horses and on a monumental scale. The site was now a long plot opposite the Hofburg, along the edge of the suburb Mariahilf (see ill. 10), where the imperial 'Poultry Yard' with its large garden was located. The site lay partly in the so-called 'Abbruch' (demolition) zone that is within the 220 Klafter wide strip around the city walls of Vienna that was to be kept free of buildings. The Emperor Leopold I had passed a decree to this effect directly after the Turkish siege of 1683. Even the Emperor required permission from the Court Council of War to build here. The application presented by Count Gundaker Althan for "the projected stables building as already laid out" in August 1718[5] initially caused concern on the part of the military authorities as the entire facade lies more than 20 Klafter within the demolition zone, as is precisely depicted on the attached site plan (ill. 2).[6] In the response dated September 1718 the Court Council of War referred to the resolution passed by Leopold I in 1683 and added that this resolution had to date been observed with "the greatest degree of precision". Had the application been submitted by "a private person" it would have had to be rejected but as "the stables building is directly presented by his majesty's staff" the decision had been made "to gracefully grant permission". A further submission directly prior to the commencement of building (ill. 3)[7] differs only in details (e.g. broader central bay) which indicates that the basic idea of an immensely long facade was already in existence but not individual details of the arrangement of the elements and the articulation of the facade.

The Main Facade of the Stables Building
In spring of 1719 the construction work started. According to the inscription on the central bay ("Aedes a fundamentis erecta MDCCCXXIII") the basic structure of at least the first

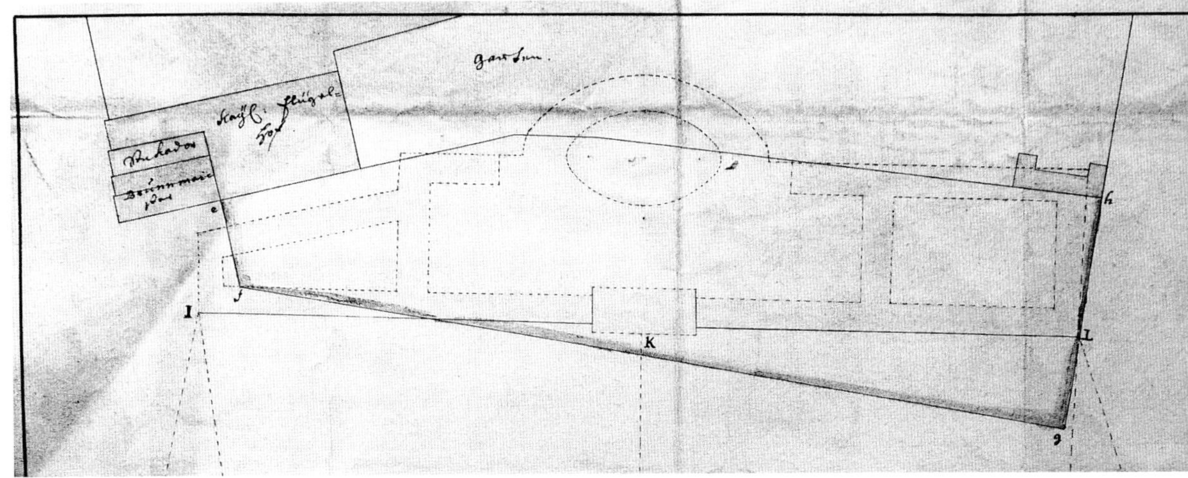

2
Lageplan der Hofstallungen,
September 1718 – Detail;
Wien, Kriegsarchiv|
Layout plan of the Court Stables,
September 1718

Der Fassadentrakt der Stallungen

Im Frühjahr 1719 wurde mit dem Bau begonnen, nach
Ausweis der Inschrift am Risalit („Aedes a fundamentis erecta
MDCCCXXIII") war der erste Abschnitt 1723 zumindest im
Rohbau weitgehend vollendet. Der mehr als 350 Meter lange
Fassadentrakt Fischers – die Ausdehnung entspricht exakt der
in den beiden Lageplänen angegebenen Länge von etwa 186
Klaftern – ist einer der größten Neubauten im barocken Wien.
Offensichtlich ging es zunächst vor allem darum, mit der enor-
men Länge der Fassade über die weite Distanz des unverbau-
ten Glacis hinweg einen neuen architektonischen Akzent als
„Antwort" auf die Vorstadtfassaden des gesamten Residenz-
areales der Hofburg zu setzen.

Genauere Informationen über die Gestaltung der Stallungen
liefert die bekannte Vogelschau in Fischers „Historischer Architektur" von 1721, die in ihrem dokumentarischen Wert jedoch
zwiespältig ist (Abb. 4)[8]. Der noch während der Bauzeit veröffentlichte Stich gibt zwar die vom Künstler geplante Detail-
gliederung der Fassade sehr exakt wieder, bei der in forcierter
Perspektivdarstellung inszenierten Weiträumigkeit der dahinterliegenden Trakte handelt es sich jedoch um eine idealisierte
Wunschvorstellung. Das symmetrische Regelmaß der doppel-
ten Quertrakte lässt sich jedenfalls mit der vorgegebenen
Situation, wie sie aus den Einreichplänen (vgl. Abb. 2, 3) klar
ersichtlich ist, nicht in Einklang bringen. Manches an dieser
geschönten Vision erinnert frappant an Fischers pseudo-
archäologische Rekonstruktionen antiker Großbauten, wie
etwa der „Domus Aurea" Kaiser Neros (Abb. 5). Diese
Übereinstimmung verrät Einiges über die hochfliegenden
Intentionen des Hofarchitekten Fischer, der dem Kaiser die
Nähe seiner Projekte zur monumentalen Architektur der
römischen Antike vor Augen führen wollte; die Vogelschau
der „Historischen Architektur" sollte jedenfalls nicht mit einer
konkreten Bauplanung verwechselt werden.

Fischer hat den langen Fassadentrakt abwechslungsreich in
einzelne Abschnitte unterteilt und zur Mitte hin gestaffelt – ein
intelligentes Mittel, um einer nüchternen Monotonie dieses
Zweckbaues entgegenzuwirken. Spätere Stadtbeschreibungen
haben dies mit dem Hinweis, der Bau sehe „einem kleinen
Städtlein gleich" zu würdigen gewusst. Der übergiebelte Mittelrisalit (Abb. 6) erinnert nicht zufällig an späte Paläste Fischers
(Pal. Trautson, Pal. Schwarzenberg), denn hier war der repräsentative Amtssitz des Obersthofstallmeisters Graf Althan
vorgesehen.

Die Raumaufteilung in Inneren folgt einem einfachen Schema:
Das Erdgeschoß war den Stallungen vorbehalten, darüber be-
fanden sich Räume für Heu sowie für die Bediensteten. Funktionale Mängel wurden bald erkennbar: So lobt Küchelbecker

section was largely complete by 1723. Fischer's facade, which
measures more than 350 metres in length (exactly the length
of 186 Klafter indicated in the two layout plans) is one of the
largest new baroque buildings in Vienna. Clearly the principal
issue was the employment of the enormous length of the
facade to create a new architectural accent across the width
of the undeveloped Glacis as a "response" to the facades of
the entire Hofburg complex facing towards the suburbs.
The well-known birds eye view in Fischer's *Historischer
Architektur* from 1721 offers more precise information about
the design of the stables although its documentary value is
ambivalent (ill. 4).[8] The engraving, which was published
during the construction period, depicts precisely the detailed
articulation of the facade as planned by the architect but
the spaciousness of the tracts behind as shown in the forced
perspective represents an idealised view. The symmetrical
regularity of the two transverse wings cannot be reconciled
with the situation existing at the time as is clearly shown in
the permit application plans (cf. ill. 2.3). Much in this idealised
vision is reminiscent of Fischer's pseudo-archaeological
reconstruction of major buildings from antiquity such as the
Domus Aurea of the Roman emperor Nero (ill. 5). This
parallel reveals something about the ambitious intentions of
the court architect Fischer, who wanted to illustrate to the
emperor the closeness of his projects to the monumental
architecture of Roman antiquity. The birds eye view in
Historischer Architektur should certainly not be mistaken for
concrete building planning.

Fischer subdivided the long facade into individual sections with
an increase in height towards the centre, an intelligent means
of counteracting the possible sober monotony of a functional
building. Later urban descriptions that the building resembles
"a small city" honour this attempt. The central block (ill. 6) is,
not by chance, reminiscent of the late palaces by Fischer
(Palais Trautson, Palais Schwarzenberg) as this is where the
official seat of the court stable master, Count Althan, was
located.

The layout of the interior follows a simple scheme. The ground
floor was reserved for the stables, above these were spaces
for hay and for staff. Functional inadequacies soon became
apparent. In his description of the city, in 1730 Küchelbecker
praised the facade as a "magnificent expansive building" but
remarked that the building was "internally cramped and not
laid out as it should be".[9] A little later the Bamberg court
architect Küchel confirmed this criticism: "however the interior
of the stables does not look so well, as everything is cramped
and the facilities for the staff are inadequate".[10] Soon the
legend arose that the death of Fischer von Erlach in 1723

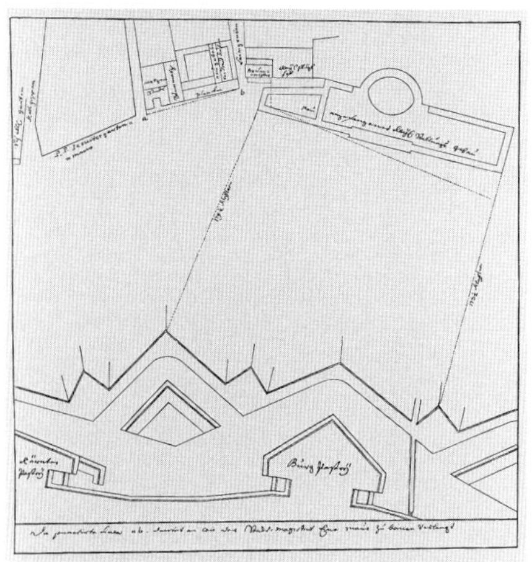

3
Lageplan der Hofstallungen, Februar 1719; Wien, Kriegsarchiv | Layout plan of the Court Stables, February 1719

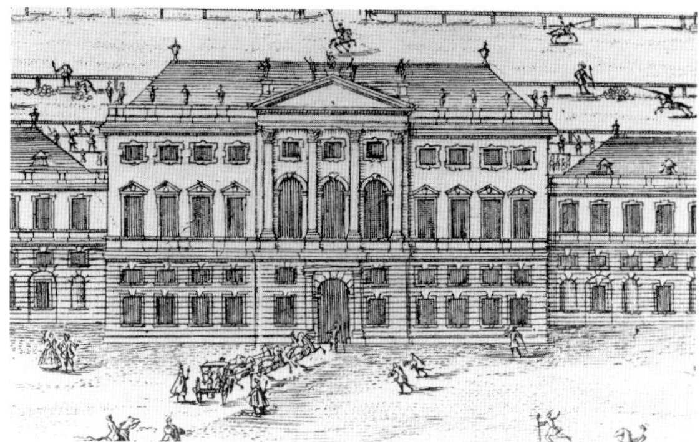

6
Johann Bernhard Fischer von Erlach, Ansicht der Hofstallungen (Detail aus Abb. 4) | Johann Bernhard Fischer von Erlach, elevation of the court stables (detail from ill. 4)

in seiner Stadtbeschreibung von 1730 zwar den Fassadenbau als „prächtiges und weitläufftiges Gebäude", vermerkt aber auch, der Bau sei „inwendig gar zu enge, und nicht so angeleget, wie es wohl seyn sollte"[9]. Wenig später bestätigt der bambergische Hofarchitekt Küchel diese Kritik: „innen aber siehet die stallung nicht zum besten aus, weillen alles zu eng und überhaupt keine rechte gelegenheit vor die stall bediente alda angebracht"[10]. Schon bald kam die Legende auf, der Tod Fischers von Erlach (1723) wäre aus Gram über die Kritik an diesen Mängeln erfolgt: „Der Baumeister von solchen ist der alte Herr Fischer gewesen, welcher, wie man sagt, deswegen vor Gram gestorben seyn soll, weil das Werck so schlecht reussiret"[11].

Mit dem unter der Leitung von Fischers Sohn Joseph Emanuel zügig vollendeten Bau des langen Fassadentraktes war das wichtigste Ziel eines außenwirksamen Akzentes im Residenzareal zunächst erreicht; der Ausbau der dahinterliegenden Höfe und Trakte wurde hingegen nicht einmal in der einfachen, unregelmäßigen Form der Lagepläne von 1718/19 – geschweigedenn nach der idealisierten Vision der „Historischen Architektur" – in Angriff genommen. Schon 1730 vermeldet Küchelbecker lapidar: „Es ist aber das Hinter-Gebäude dieses Stalls noch nicht fertig, und dürffte nunmehro auch wohl nicht leichtlich zu stande gebracht werden"[12]; ähnlich äußert sich wenig später auch Küchel: „die hindere höf, so alda haben gemacht werden sollen, ligen dermahlen ganz öd, daß also das gantze Concept nicht die hellfte zu stand kommen"[13]. Wie die genau gezeichneten Bauaufnahmen der Zeit um 1770 verraten (Joseph Anton Nagel – Abb. 8; Johann Daniel Huber – Abb. 9), hat sich an diesem Zustand auch in den folgenden Jahrzehnten nur wenig geändert: verzeichnet sind lediglich einige Provisorien (Reithalle, Futtermagazine) ohne erkennbare Ordnung, der halbkreisförmig geplante Abschluss des Hofes war in ersten Anfängen steckengeblieben.

Die Stallungen im Gesamtzusammenhang der barocken Neugestaltung der Hofburg

Wie den Lageplänen aus den Akten des Hofkriegsrates zu entnehmen ist, konnte die achsiale Ausrichtung des Bauwerks trotz der Beschränkungen durch die Militärbehörde von Fischer frei gewählt werden. Dabei fällt auf, dass die lange Fassade nicht parallel zum Leopoldinischen Trakt – dem damals einzigen architektonisch markanten und einigermaßen modernen Teil der Residenz – ausgerichtet ist. Hingegen zielt die Mittelachse der Stallungen ziemlich genau auf den mittelalterlichen Kernbau der Hofburg (Abb. 10). Dies lässt sich auch heute noch nachvollziehen, wenn man sich in die zentrale Durchfahrt stellt und zur Hofburg blickt.

resulted from grief at the criticism of these faults: "The architect was the old Mr. Fischer, of whom it is said he died of grief because the work was so unsuccessful."[11]

With the rapid completion of the long facade under the direction of Fisher's son, Joseph Emanuel, the primary goal of creating an externally effective accent in the area of the Residenz had been achieved. The completion of the courtyard and tracts behind was not undertaken, even in the simple irregular form depicted in the site plan of 1718/19 not to mention according to the idealised vision of *Historischer Architektur*. In 1730 Küchelbecker remarked laconically: "The rear buildings of the stables are not yet completed and it does not appear likely that this can easily be carried out."[12] Somewhat later Küchl remarked in a similar vein: "The rear courtyards which should have been made are in a disastrous state, so that not even half of the entire concept has been realised."[13]
As the precisely drawn building surveys of 1770 reveal (Joseph Anton Nagel: ill. 8; Johann Daniel Huber: ill. 9) in the decades following little changed. Only a few provisional elements (the riding hall, the foodstuff depot) are recorded, without apparent order, the planned semicircular termination of the courtyard remained at an initial stage.

The Stables in the Overall Context of the Baroque Redesign of the Hofburg

From the site plans preserved in the archives of the Court Council of War it appears that the axial direction of the building could be chosen by Fischer according to his own wishes despite the restrictions exercised by the military authorities. It is most striking that the facade is not parallel to the Leopoldine wing of the Hofburg, which at the time was the only architecturally prominent and, to an extent, modern part of the Residenz. On the other hand the centre axis of the stables aims precisely at the mediaeval core of the Hofburg (ill. 10). This can still be traced today if one stands in the central passageway and looks across at the Hofburg.
As Fischer viewed the stables as an element of a large-scale overall plan, and designed with the entire imperial residence in mind, this swivel permits one to make the cautious assumption that he had planned the central accent of his redesign of the imperial residence in the area of the mediaeval Burg.[14] However reconstruction of this nature was never carried out. Shortly later, from 1720 onwards, the new Court Library was built on the walls of the old riding school, and with it the idea of a fundamental restructuring of the Hofburg was replaced by that "mixtum compositum" of old and new which

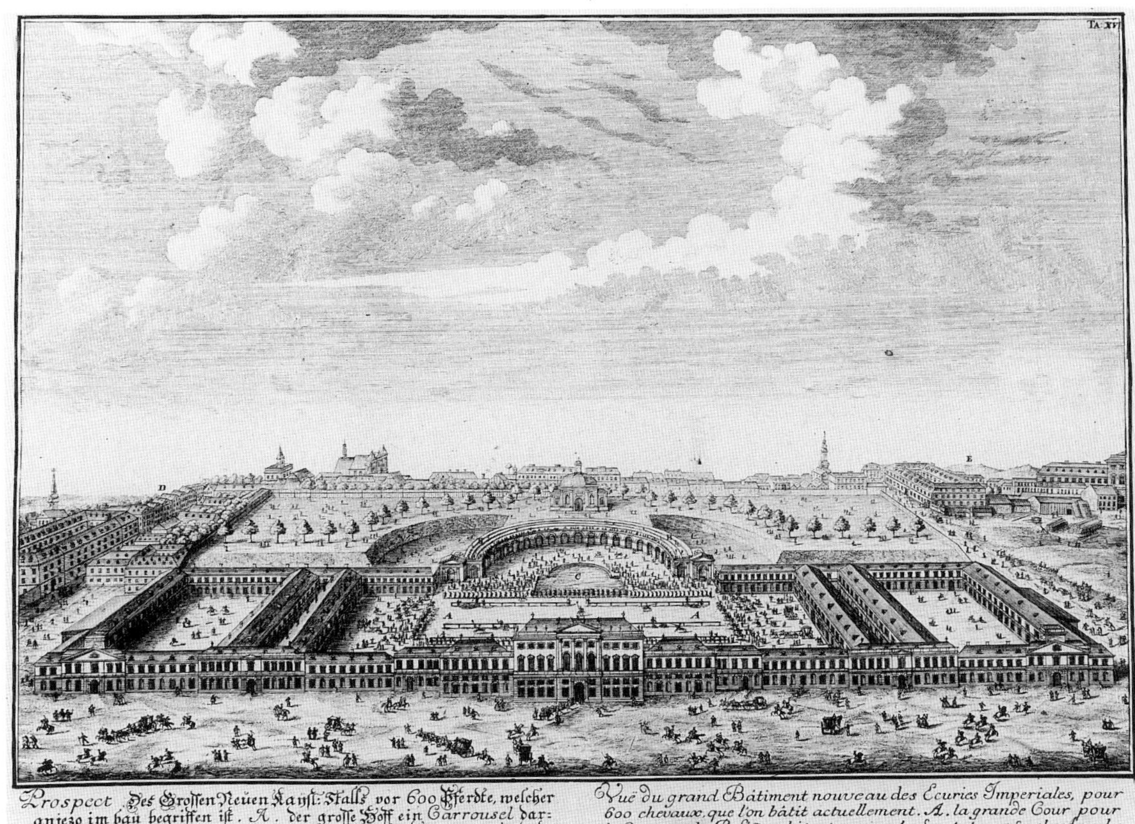

4
Johann Bernhard Fischer von Erlach, „Prospect des Grossen Neuen Kayserl. Stalls vor 600 Pferdte,
welcher anjezo im bau begriffen ist..."; Kupferstich aus | engraving from 'Entwurff einer Historischen Architectur', Wien 1721
Kunsthistorisches Institut der Universität Wien | Source of illustration: Art History Institute of the University of Vienna

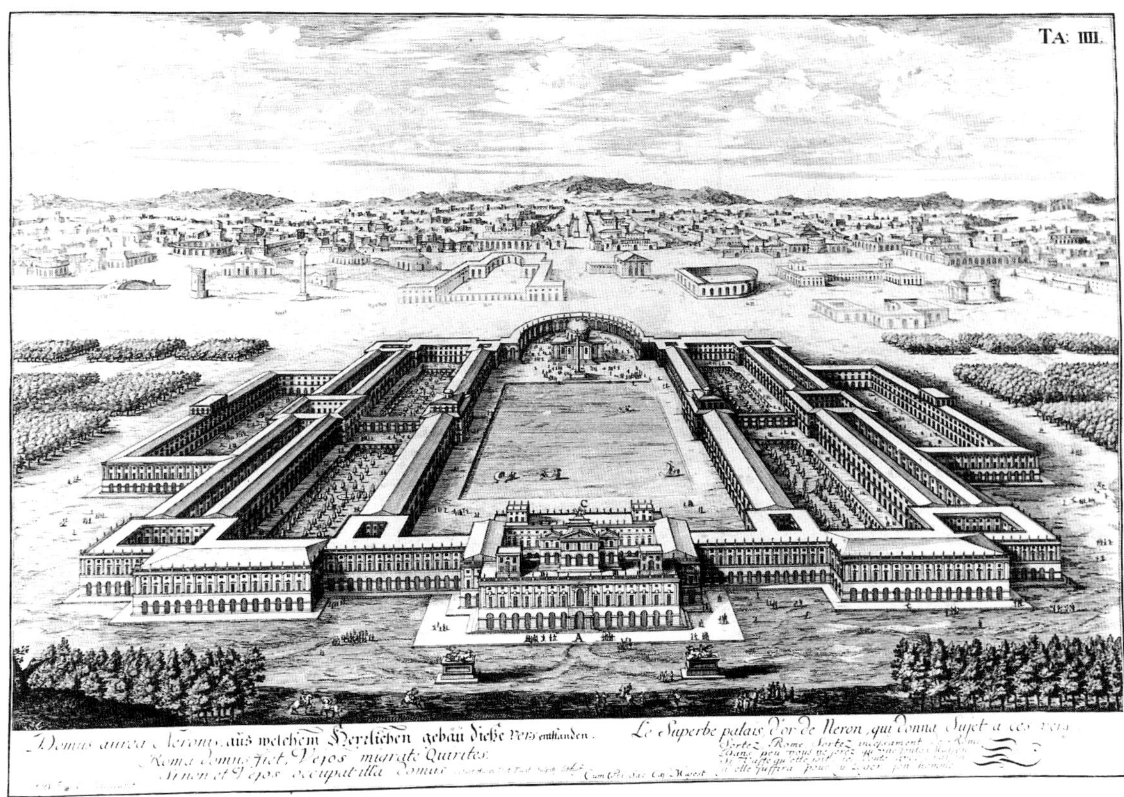

5
Johann Bernhard Fischer von Erlach, „Domus Aurea Neronis"; Kupferstich aus | engraving from 'Entwurff einer Historischen Architectur'
Kunsthistorisches Institut der Universität Wien | Source of illustration: Art History Institute of the University of Vienna

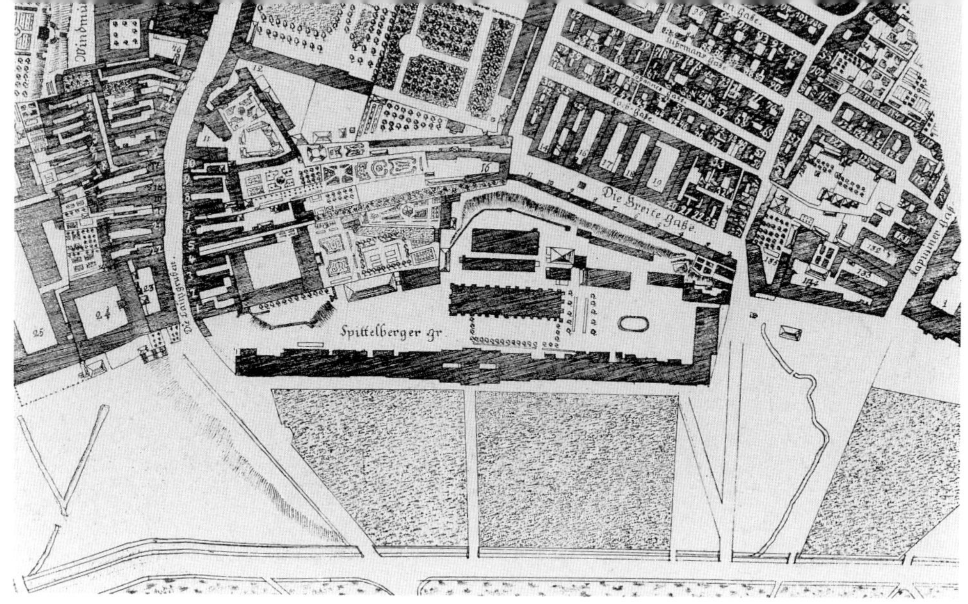

8
Lageplan der Hofstallungen um 1770;
Detail aus dem Plan Wiens von Joseph
Anton Nagel | layout plan of the court
stables, around 1770; detail from the
plan of Vienna by Joseph Anton Nagel

Da Fischer die Stallungen als Bestandteil einer großräumigen
Gesamtplanung ansah und das Ganze der kaiserlichen Residenz im Auge hatte, lässt diese Verschwenkung den – vorsich-
tigen – Schluss zu, dass er den zentralen Akzent seiner Umgestaltung der kaiserlichen Residenz im Bereich der mittelalterlichen Burg vorgesehen hatte[14]. Ein derartiger Umbau der
Hofburg kam jedoch nicht zustande. Schon kurz darauf, ab
1720, wurde die neue Hofbibliothek auf den Mauern der alten
Reitschule errichtet und damit die Idee einer grundlegenden
Neustrukturierung der Hofburg durch jenes „mixtum compositum" aus Alt und Neu ersetzt, das dem traditionsbewussten
Herrschaftsverständnis der Habsburger angemessener schien
und sich bis heute erhalten hat.

Die Hofstallungen waren damit schon kurz nach ihrem Bau
gleichsam ins Abseits geraten. Alle weiteren barocken Ausbau-
pläne der Hofburg (Johann Lucas von Hildebrandt, Joseph
Emanuel Fischer von Erlach, Balthasar Neumann, Jean-Nicolas
Jadot – sie blieben sämtlich unrealisiert[15]) beschränken sich
auf das Areal innerhalb der Mauern. So lange die massiven
Befestigungen der Stadt auch im Burgbereich beibehalten
wurden, blieb die etwas exzentrische Lage der Stallungen
kaum erkennbar und wurde deshalb nicht als störend empfunden. Erst als ab dem frühen 19. Jahrhundert wiederum weit-
räumiger geplant werden konnte (Hetzendorf von Hohenberg)
und sich mit dem Bau von Montoyers Zeremoniensaal (ab
1802) und Nobiles Burgtor (1824 vollendet) eine neue
achsiale Ordnung im Burgbereich etablierte, gerieten die
Stallungen wiederum als Bestandteil des Residenzareals ins
Blickfeld[16]. Die seit dieser Zeit bestimmende Hauptachse Kohl-
markt – Michaelertor – Burgtor zielt zwar auf den Mittelrisalit
von Fischers Stallungen als „point de vue", trifft hier jedoch
nicht im rechten Winkel auf, so dass die Schrägstellung von
Fischers Fassadentrakt fallweise auch zum „Störfaktor" werden konnte – bis hin zu Otto Wagner, der sie als „Fischer von
Erlach seiner Zeit" in selbstherrlichem Gestus zum Verschwinden bringen und durch ein eigenes Projekt ersetzen wollte.
Fischers Hofstallungen blieben jedoch erhalten und sind bis
heute in zweifacher Hinsicht als bemerkenswertes Denkmal
der barocken Planungen der Hofburg erkennbar geblieben: als
Monument und Fragment zugleich. In der variationsreichen
Fassadengestaltung als überaus intelligente Leistung, die
dem Nutzbau eines überdimensionierten Stallgebäudes
monumentale und abwechslungsreiche Gestalt verleiht, in

seemed more appropriate to the Hapsburgs' traditional understanding of power, and which has survived to the present day.
Thus shortly after their completion the court stables fell into
obscurity. All further baroque development plans for the
Hofburg (Johann Lucas von Hildebrandt, Joseph Emanuel
Fischer von Erlach, Balthasar Neumann, Jean-Nicolas Jadot –
all remained on the drawing board)[15] are restricted to the area
within the walls. As long as the massive city fortifications were
left standing in the area of the Burg the somewhat off-centre
location of the stables was scarcely recognisable and, for this
reason, was not felt to be a disturbing factor. Only from the
early 19th century onward, when large scale planning could
be undertaken again (Hetzendorf von Hohenberg) and when
the building of Montoyer's Zeremoniensaal (from 1802) and
Nobile's Burgtor (completed in 1824) established a new axial
order in the area of the Burg, were the stables again seen as
part of the Residenz.[16] The axis Kohlmarkt-Michaelertor-Burgtor
dominant from this period onwards aims at the centre block
of Fischer's stables as the "point de vue" but does not meet
it at a right angle, which meant that the angle made by the
positioning of Fischer's facade was seen at times as a "disturbing element" up to the time of Otto Wagner, "the Fischer
von Erlach of his time" who, in a self-glorifying gesture,
caused the building to vanish and replaced it with a project
of his own.

However Fischer's stables survived and today in two aspects
remain a remarkable monument of the Baroque planning of
the Hofburg: as a monument and fragment at one and the
same time. Firstly the varied facade design is a thoroughly
intelligent achievement which gives the functional oversized
stables a monumental and varied form, secondly its orientation towards the Hofburg makes it one of the few examples
in Baroque Vienna that attempts to place a wide-ranging
urban accent. The idea of a forum, realised only during the
Ringstrasse era, that attempts to establish an architectural
connection between the inner city and the suburbs started
with Fischer.

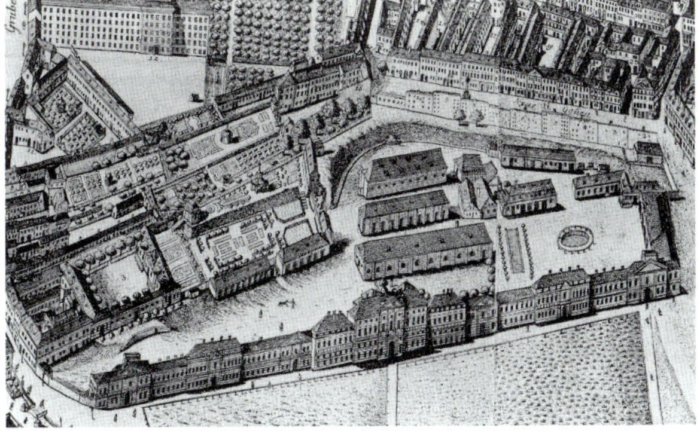

9
Ansicht der Hofstallungen um 1770; Detail aus der Vogelschau Wiens von Joseph Daniel Huber | elevation of the court stables, circa 1770; detail from the bird's eye view of Vienna by Joseph Daniel Huber

10
Lageplan der Hofstallungen und der Hofburg (die zusätzlich eingezeichnete Mittelachse verdeutlicht deren Ausrichtung auf den mittelalterlichen Kernbau der Burg); Detail aus Abb. 8 | Layout plan of the court stables and the Hofburg (the centre axis building clearly indicates its orientation towards the mediaeval core of the Burg; detail from ill. 8

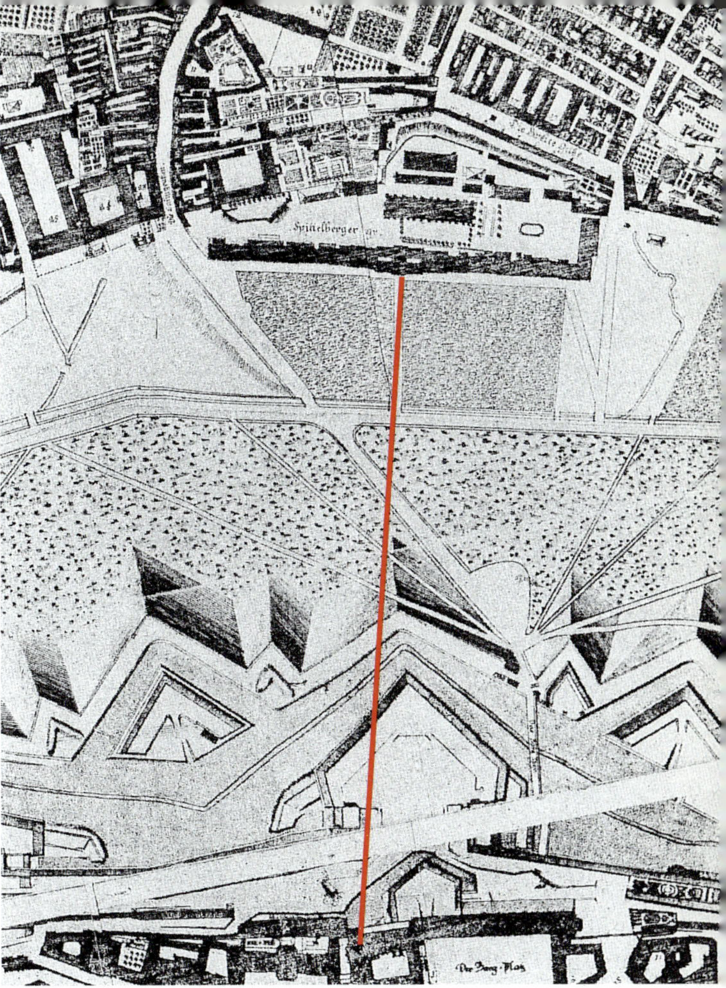

ihrer Ausrichtung auf die Hofburg als eines der wenigen Beispiele im barocken Wien, das um eine weiträumige urbanistische Akzentsetzung bemüht ist. Die erst zur Ringstraßenzeit realisierbare Idee eines „Forums", das sich architektonisch um eine Verbindung zwischen der Inneren Stadt und den Vorstädten bemüht, hat bei Fischer jedenfalls ihren Anfang genommen.

1 Moriz Dreger: *Baugeschichte der k.k. Hofburg in Wien* (History of the Imperial and Royal Hofburg in Vienna = Österreichische Kunsttopographie Bd. 14/Austrian art topography vol. 4), Vienna 1914; Harry Kühnel: Die Hofburg/The Hofburg (Wiener Geschichtsbücher Bd. 5/Viennese History Books vol. 5), Vienna, 1971; Zu Bauten von | for buildings by Fischer von Erlach see: Hans Sedlmayr: *Johann Bernhard Fischer von Erlach*, Vienna-Munich 1976; Christian Benedik: *Die Wiener Hofburg unter Kaiser Karl VI. – Probleme herrschaftlichen Bauens im Barock*, Wien 1989 – The problems faced by dynastic building in the Baroque era, Ph.D. dissertation, Vienna 1989; Hellmut Lorenz: *Johann Bernhard Fischer von Erlach*, Zurich-Munich-London 1992

2 E. G. Rink: *Josephs des Sieghaften Röm. Kaysers Leben und Thaten* | Life and Deeds of Joseph the victorious Roman Emperor Cölln 1712, pp. 74-75

3 Herbert Haupt: *Das unausgeführte Projekt eines kaiserlichen Hofstallgebäudes aus dem Jahre 1659* (The unbuilt project for an imperial stables from 1659) in: Wiener Geschichtsblätter 39, 1984, pp.149-158

4 Fontana's Zeichnungen erstmals erwähnt | drawings were first mentioned in the section on Fontana in: Ugo Donati: *Artisti ticinesi a Roma, Bellinzona*, 1942, p. 282. Die Blätter befinden sich | these sheets are in Rome in the Istituto di Archeologia e Storia dell'arte, Coll. Lanciani, MS 101, Bl. 1,4,5,7,16 und sind nicht datiert; ihre ungefähre zeitliche Einordnung „um 1695" ist allein durch andere in diese Zeit datierbare Zeichnungen dieses Bestandes nahegelegt | and are not dated; the estimated date "circa 1695" is suggested only by other drawings in the collection, which can be dated to this time.

5 Wien, Kriegsarchiv, Exp. September 1718, Nr. 420, F 1-9, danach die folgenden Zitate | and the following quotations

6 Wien, Kriegsarchiv, plan collection G/VII/1860

7 Wien, Kriegsarchiv, Hofkriegsrat Exp. February 1719, Nr. 146. Comp. Luwig Eberl: *Wien als Festung* (Vienna as a Fortress, in: *Geschichte der Stadt Wien*/History of the City of Vienna, publ. A. Mayer),vol. IV, Vienna 1911, p. 263, ill. 39

8 Fischers geschönte Darstellung wurde mit geringen Variationen auch in Salomon Kleiners Wiener Ansichtenwerk aufgenommen (Band II, Tafel 8, 1725). – Vergleichbar ist Kleiners Darstellung der Karlskirche, die ebenfalls der idealen Ansicht in Fischers Stichwerk folgt und nicht den damals tatsächlich bestehenden Zustand zeigt | Fischer's idealised depiction was reproduced with few alterations in Salomon Kleiner's *Views of Vienna* (vol 2, plate 8, 1725) Kleiner's illustration of the Karlskirche is comparable, it follows the idealised view in Fischer's engraving and does not show the church as it actually existed at the time.

9 Johann Basilius Küchelbecker: *Allerneuester Bericht vom Röm. Kayserl. Hofe...* (Most recent report from the Roman Imperial Court...), Hannover 1730, pp. 773-774

10 Jutta Glüsing: *Der Reisebericht Johann Jakob Michael Küchels von 1737*, Kiel (Jakob Michael Küchl's description of his travels in 1737, Kiel, Ph.D. dissertation) 1978, vol. 2, pp. 30-31

11 Küchelbecker, 1730 (wie Anm. | see note 9)

12 Küchelbecker, 1730 (wie Anm. | see note 9)

13 Küchel, 1737 (wie Anm. | see note 10)

14 Konkrete Entwürfe Fischers zum Ausbau der Hofburg haben sich nicht erhalten | no concrete designs by Fischer for the expansion of the Hofburg have survived.

15 Hellmut Lorenz: 'The Imperial Hofburg – Theory and Practice of Architectural Representation in Baroque Vienna', in: *State and Society in Early Modern Austria* (ed. by Charles W. Ingrao), West Lafayette 1994, pp. 93-109

16 Vgl. dazu die folgenden Beiträge in diesem Heft | cf. the following contributions in this journal.

Stadterweiterung und Kaiserforum, 1809 bis 1945 |
Urban Expansion and the Imperial Forum, 1809-1945

Von | by Margaret A. Gottfried

„Der Krieg ist der Vater aller Dinge" – dieser Satz von Heraklit (um 500 v.Chr.) gilt auch für die Baugeschichte der Wiener Ringstraße. Nachdem seit Anfang des 18. Jahrhunderts immer wieder Versuche unternommen worden waren, der Hofburg mit ihrem Vorfeld eine repräsentative Form zu geben und dies u.a. am Widerstand des Militärs gescheitert war, fiel 1809 der eigentliche Startschuss für das „Unternehmen Ringstraße": Beim Abzug seiner Truppen ließ Napoléon die Festungswerke vor der Burg sprengen, was zu einer Vergrößerung des Äußeren Burgplatzes führte. Aus dieser gewaltsamen Änderung der baulichen Gegebenheiten ergaben sich neue Denkansätze für das Gelände vor der Burg und die Stadterweiterung. Mit der Revolution von 1848 wurde endgültig klar, dass die Befestigungsanlagen der Stadt nicht mehr zu deren Schutz taugten, kam doch der „Feind" jetzt von innen und nicht von außen! Der wichtigste Agitator für die Umwandlung Wiens in eine moderne Großstadt war Ludwig von Förster (1797-1863) in seiner Eigenschaft als Herausgeber der Allgemeinen Bauzeitung ab 1836. 1844 berichtete dieses Blatt über das Denkmal für Friedrich August den Gerechten in Dresden und publizierte in diesem Zusammenhang einen Lageplan des Entwurfes für das Dresdner Zwingerforum von Gottfried Semper (1803-1879). In seinem „Allerhöchsten Handbillett" vom 20. Dezember 1857 an seinen Innenminister führte Kaiser Franz Josef I. dann sehr genau aus, wie er sich „... die Erweiterung der inneren Stadt Wien mit Rücksicht auf eine entsprechende Verbindung derselben mit den Vorstädten" vorstellte. Für jeden Abschnitt der projektierten Ringstraße legte er die Grundzüge der Bebauung und Verwendung der Gebäude fest, und präzisierte: „Der Platz vor Meiner Burg nebst den zu beiden Seiten desselben befindlichen Gärten hat bis auf weitere Anordnung in seinem gegenwärtigen Bestande zu verbleiben. Die Fläche außerhalb des Burgtores bis zu den kaiserlichen Stallungen ist frei zu lassen." Der Kaiser wünschte sich für den topographischen Kulminationspunkt der Ringstraße zu diesem Zeitpunkt die Bewahrung des Status quo, den freien Blick vom Neuen Burgtor hin zu den Hofstallungen am nunmehr ehemaligen Glacisrand. Somit sollte an dieser Stelle eben *keine* bauliche Verbindung mit den Vorstädten hergestellt werden. Am 30. Jänner 1858 erschien die Konkursausschreibung für die Stadterweiterung und war mit 31. Juli desselben Jahres befristet. Die eingereichten Arbeiten placierten die Museen an den verschiedensten Stellen, wobei der Entwurf (Projekt Nr. 66) von Eduard van der Nüll (1812-1868) und August Siccard von Siccardsburg (1813-1868), die die beiden Museen im Volks- und Burggarten planten, wie eine Vorahnung des Kaiserforums anmutet. Der erste Vorschlag zur Errichtung der Museen gegenüber der Burg (1862) stammte von Ludwig von Förster.

"War is the father of all things." This statement by Heraclites (around 500 BC) could also be applied to the history of Vienna's Ringstrasse. From the beginning of the 18th century repeated attempts were made to give the Hofburg (imperial palace) and the area in front of it a suitably dignified form but these failed due to opposition from (among others) the military. However in 1809 the starting signal for the "Enterprise Ringstrasse" was given: On withdrawing his troops from Vienna Napoleon had the fortifications in front of the Burg blown up to increase the size of the Äussere Burgplatz (Outer Palace Square). This forceful change to the built substance provided new starting points for the development of the area in front of the Burg and for urban expansion in general. The revolution of 1848 finally made it clear that that the city fortifications no longer served their original defensive purpose as the enemy came from within rather than without! Ludwig von Förster was the most important initiator in the transformation of Vienna into a large modern city, particularly in his role as publisher of the *Allgemeine Bauzeitung* (General Construction Newspaper) from 1836 onwards. In 1844 this newspaper printed a report on the monument to Friedrich Augustus, the Just in Dresden, and in this context published a site plan of the design for the Zwingerforum in Dresden by Gottfried Semper (1803-1879). In his *Allerhöchsten Handbillett* dating from 20th December 1857 to his Minister of the Interior, the emperor Franz Josef I explained in detail how he imagined "...the expansion of the inner city of Vienna taking into account the creation of connections between the city and the suburbs..." He laid down outlines for the development of each section of the planned Ringstrasse, stipulated the function of the various buildings and stated precisely that: "the area in front of my palace, between the two parks on either side of it, is to remain in its present state until further decrees are issued. The area outside the Burgtor extending to the imperial stables is to be left undeveloped." At this particular time the emperor's wish was that with regards to the topographical culminating point of the Ringstrasse the status quo should be preserved, i.e. the unobstructed view from the Neues Burgtor to the Imperial stables on the former edge of the glacis. Which meant that at this particular point no built connection to the outer suburbs was to be made. On the 30th January 1858 the competition for the expansion of the city was launched. The deadline was 31st July of the same year. The projects submitted placed the museums at different positions: project no. 66 by Eduard van der Nüll (1812-1868) and August Siccard von Siccardsburg (1813-1868), which positioned the two museums in the Volksgarten

1   Heinrich von Ferstel, Museum für Kunst- und naturwissenschaftliche Sammlungen, Vogelschau, 1867|
     Heinrich von Ferstel, museums for the art and natural science collections, birds eye view, 1867

2   Theophil von Hansen, Entwurf für die Museen, Ansicht, 1867|
     Theophil von Hansen, design for the museums, elevation, 1867

3   Moriz von Löhr, Zweiter, verbesserter Entwurf für die Museen, Gesamtansicht, 1868|
     Moriz von Löhr, second improved design for the museums, overall view, 1868

4   Karl von Hasenauer, Erster Entwurf für die Museen, Gesamtansicht, 1867|
     Karl von Hasenauer, first design for the museums, overall view, 1867

Diese Idee stieß zunächst auf wenig Gegenliebe, gewann aber doch immer mehr Befürworter. Mit Entschließung vom 23. September 1864 genehmigte der Kaiser den diesbezüglichen Antrag und im Frühjahr 1867 lagen endlich vier Museumsprojekte vor: von Ferstel, Hansen, Löhr und Hasenauer (Abb. 1-4).

Sowohl Heinrich von Ferstel (1828-1883) als auch Theophil von Hansen (1813-1891) konzipierten einen geschlossenen Platz, entgegen dem ausdrücklichen Wunsch des Kaisers, der die Freihaltung der Hofstallungen gefordert hatte. Die Verbindungsbauten zwischen den Museen waren aber in ihren Augen notwendig, da der Platzbedarf der kunsthistorischen Sammlungen weitaus größer war als der der naturhistorischen und so ein Ausweg aus der vorprogrammierten Raumnot geschaffen werden könnte. Hansen begründete den Verbindungsbau zwischen den Museen auch damit, dass die Hofstallungen schief gegen das Burgtor liefen und außerdem „eine mangelhafte Architektur" aufwiesen, die dem Platz ein „klägliches Aussehen" geben würde.

Moriz von Löhr (1810-1874) hielt sich wohl an die in der Ausschreibung geforderte Isolierung der Museumsblöcke, sah jedoch eine freistehende Ruhmeshalle zwischen den beiden Museen vor, denn die Hofstallungen waren auch für ihn als Platzhintergrund unannehmbar. Sein Entwurf war, von der Ausstattung her gesehen, der bescheidenste von allen und wurde zunächst von der Jury und vom Ministerium favorisiert, jedoch durch die Polemik der Wiener Künstler und Architekten zu Fall gebracht.

Nur Karl von Hasenauer (1833-1894) folgte in seinem ersten Projekt (1867) streng dem vorgegebenen Programm, aber in seinem zweiten Entwurf (1868) plante auch er einen Arkadengang als Abschluss des Maria-Theresien-Platzes gegen die Lastenstraße.

Keines der vier Projekte wurde angenommen und der Kaiser ordnete an, die Entwürfe von Löhr und Hasenauer umzuarbeiten. Die darauffolgenden Meinungsverschiedenheiten wurden noch durch die Presse verstärkt. Beinahe wäre Löhr beauftragt worden, doch die Situation wurde durch die Aktivitäten des Wiener „Intrigantenstadels" so verfahren, dass man die Lösung schließlich 1869 mit der Einschaltung Gottfried Sempers herbeizuführen suchte. Er wurde auf Grund seines Renommées als Planer des Dresdner Zwingerforums als Juror der Projekte von Hasenauer und Löhr bestellt, aber sein Urteil war nicht sehr ermutigend: Löhrs Museumsentwurf gleiche einem Warenmagazin oder einem Gewehrdepot und mit Bezug auf die Kleinteiligkeit bei Hasenauer meinte Semper „.... vieles Kleine, nebeneinander gereiht und übereinander getürmt, macht zusammen noch nichts Großes und eignet sich am allerwenigsten für so weitläufige Umgebungen". Er wollte keines der Projekte

and the Burggarten, seem like a presentiment of the future Kaiserforum (Imperial Forum). The first suggestion that the museums be placed opposite the Burg dates from 1862 and was made by Ludwig von Förster. Initially this idea met with little enthusiasm but gradually won support. With a decision dating from 23rd September 1864 the emperor approved this proposal and by spring of 1867 four museum projects were in existence: from von Ferstel, Hansen, Löhr and Hasenauer (ill.1-4).

Both Heinrich von Ferstel (1828-1883) and Theophil von Hansen (1813-1891) designed a closed external space in opposition to the expressed wish of the emperor, who had stipulated that the area in front of the court stables should be left open. The buildings connecting the two museums were, in their opinion, necessary as the art collection required considerably more space than the natural science exhibits, and the connecting elements could offer a solution to this problem. Hansen also justified the connection with the argument that the stables are at an angle to the Burgtor and, in addition, represent "an inadequate architecture" which would lend the space an "impoverished appearance".

Moriz von Löhr (1810-1874) complied with the separation of the two museum buildings as required in the competition conditions but planned a free-standing hall of fame between the museums as, in his opinion as well, the court stables offered an unacceptable background. In terms of the facilities provided his design was the most modest and was initially favoured by both the jury and the Ministry but criticism by Viennese artists and architects led to its rejection. It was only Karl Hasenauer who, in his first project (1867), strictly observed the conditions outlined in the brief, however in his second project (1868) he too planned an arcade as a terminating element between Maria-Theresien-Platz and Lastenstrasse.

None of these four projects were accepted. The emperor then decreed that the designs by Löhr and Hasenauer should be further developed. The resultant differences of opinion were dramatised by the press. Löhr was almost awarded the commission but the situation was so manipulated by circles of intriguers in Vienna that an attempt was made in 1869 to find a solution by involving Gottfried Semper. On the basis of his reputation as the planner of the Zwingerforum in Dresden he was commissioned to be juror of the Hasenauer and Löhr projects. However his report was not particularly encouraging: Löhr's museum design, he said, resembled a storehouse or a rifle depot and commenting on the numerous small elements in Hasenauer's design, Semper said: "many small elements placed beside or on top of each other do not necessarily

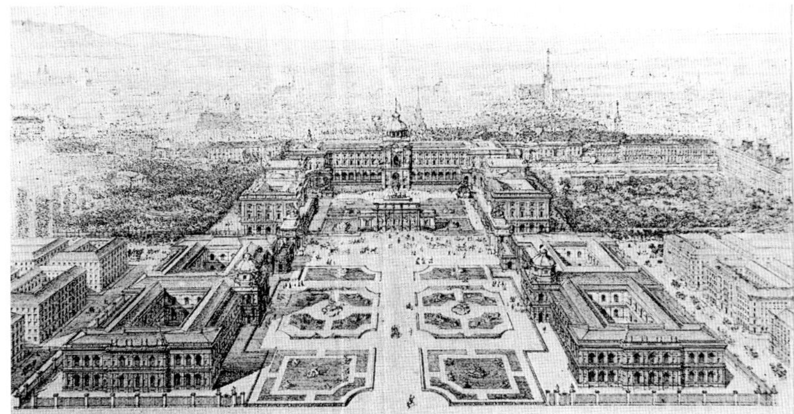

5
Gottfried Semper/
Karl von Hasenauer,
erster Entwurf für das
Wiener Kaiserforum,
Vogelschau, 1869 |
Gottfried Semper/
Karl von Hasenauer,
first design for the
Viennese Kaiserforum,
bird's eye view 1869

zur Ausführung empfehlen und betonte in seinem Gutachten die Wichtigkeit der Hofburg, die den Dualismus der Museen zur Synthese bringen sollte und dadurch auch das *Fait accompli* der zu diesem Zeitpunkt fast vollendeten Ringstraße berücksichtigen würde. In der Diskussion um die Museumsbauten hatte man zu diesem Zeitpunkt die Platzschöpfung als wichtige städtebauliche Aufgabe akzeptiert und den Bereich zwischen Hofburg und Museen als zentralen Punkt der Ringstraßenanlage erkannt. Das Kaiserforum, einer der wenigen Orte der „Grenzüberschreitung" über die Ringstraße sollte den ersten Bezirk mit seinen aristokratischen Residenzen mit den Vorstädten, der Heimat des Bürgertums verklammern.

Der Kaiser beauftragte nun Semper mit der Planung der Museen *und* der Neuen Hofburg, jedoch mit der Auflage, eines der vorgelegten Museumsprojekte sowie dessen Architekt mit einzubeziehen, und Semper entschied sich für Hasenauer. Der noch 1869 in Zürich entworfene Plan Sempers zeigt eine Ehrenhofanlage von einer Größe, die im europäischen Schlossbau einmalig ist (Abb. 5). In dem dazugehörigen Grundriss (Abb. 5) befindet sich das Burgtheater noch hinter der Mittelachse des volksgartenseitigen Hofburgtraktes; der Bauplatz an der Ringstraße wurde erst später ausgewählt.

1870 schrieb Kaiser Franz Joseph I. an seinen Innenminister: „Nachdem ich beschlossen habe, den Bau der Museen mit dem Ausbau Meiner Hofburg und des Schauspielhauses in Verbindung zu bringen, ... bin Ich nicht abgeneigt, das von ... Semper und Hasenauer ... verfasste Projekt der Museen zu genehmigen." 1871 wurde schließlich mit dem Bau der Museen begonnen und 1891 wurde das Kunsthistorische Museum feierlich eröffnet. Schon 1877 verließ jedoch Semper auf Grund von Meinungsverschiedenheiten mit Hasenauer Wien und starb 1879 in Rom. Erst in diesem Jahr gab der Kaiser den Auftrag zur Errichtung der Neuen Hofburg. 1890 bis 1893 wurde der Michaelertrakt nach den Intentionen des Fischer von Erlach unter der Leitung von Burghauptmann Ferdinand Kirschner (1821-1896) fertiggestellt. 1894 starb Hasenauer ganz plötzlich und erst 1899 wurde ein neuer Anlauf genommen, die Neue Hofburg in absehbarer Zeit fertigzustellen – Friedrich Ohmann (1858-1927) übernahm die Leitung des Burgbaues von 1899-1907, gefolgt von Ludwig Baumann (1853-1936), dem letzten Leiter der Burgbaukommission bis 1918. Beide legten sehr ähnliche Konzepte für die Vollendung des Kaiserforums vor. Sie planten an der Ringstraße ein Gegenstück zum *Corps de Logis* (dem heutigen Völkerkundemuseum) – ein *Corps de Musée* – sowie eine Kolonnade als Abschluss gegen den Volksgarten. Bei Ohmann ist diese gerade, bei Baumann hat sie die Form eines Kreissektors.

result in something grander and are totally unsuitable for such expansive spaces." He did not wish to recommend either of the projects and emphasised the significance of the Hofburg, in his report, which he maintained should create a synthesis out of the dualism of the two museums and as a result should also take into account the *fait accompli* of the Ringstrasse, which had almost been completed by this stage. In the discussion on the museum buildings the creation of an open space had been accepted as an important urban objective and the area between the Hofburg and the museums was recognised as a central point for the Ringstrasse complex.

The Kaiserforum, one of the few points at which the boundary formed by the Ringstrasse is, so to speak, "overstepped" was intended to connect the first district and its residences for the aristocracy with the suburbs where the bourgeoisie lived.

The emperor then commissioned Semper to plan the Museums as well as the Neue Hofburg but with the proviso that he incorporate one of the presented museum projects and its architect. Semper decided on Hasenauer. Semper's plan, developed in Zurich in 1869, shows a cour d'honneur of a scale unique in European palace design (ill. 5). In the floor plans the Burgtheater was located behind the central axis of the Hofburg wing on the Volksgarten side. Its present location on the Ringstrasse was selected later.

In 1870 Kaiser Franz Joseph I wrote to his minister of the Interior: "As I have decided to link the building of the museums with the extension to my Hofburg and the erection of the theatre, I am inclined to approve the project by Semper and Hasenauer." The construction of the museums started in 1871, the ceremonial opening of the Art History Museum took place in 1891. However, due to differences of opinion with Hasenauer, Semper left Vienna in 1877 and died in Rome in 1879. It was in the same year that that the emperor issued the commission for the construction of the Neue Hofburg. The Michaeler wing was completed from 1890-1893 according to the original intentions of Fischer von Erlach under the direction of Burghauptmann (director of palace building works) Ferdinand Kirschner (1821-1896). In 1894 Hasenauer died unexpectedly and it was only in 1899 that a new attempt was made to complete the Neue Hofburg in a foreseeable period. Friedrich Ohmann (1858-1927) took over the construction of the Burg project from 1899-1907, his successor was Ludwig Baumann (1853-1936), the last director of the Burg building commission which existed until 1918. Both produced very similar concepts for the completion of the Kaiserforum. On the Ringstrasse they planned a counterpart to the Corps de Logis (the present day Museum of Ethnology), a so-called 'Corps de Musee' and a colonnade as a terminating element to the

6
Ludwig Baumann, Triumphtor an der Lastenstraße, 1907 |
Ludwig Baumann, Triumphal Gateway on Lastenstrasse, 1907

7
Otto Wagner, Abschluss des Maria-Theresien-Platzes;
Aufriss des Museumstraktes anstelle der Hofstallungen, 1895 |
Otto Wagner, terminating element to Maria-Theresien-Platz;
elevation of the new museum tract to replace the court stables, 1895

Am anderen Ende des Kaiserforums wollte Ohmann die Schräge der Hofstallungen durch zwei Baublöcke kaschieren, die zu beiden Seiten des Mittelrisalits vorgesetzt waren und deren Fluchtlinie dem Verlauf der Museumstraße folgte. Baumann wollte hier mit einer Kolonnade zwischen den Museen entlang der Lastenstraße das Ärgernis der schrägstehenden Hofstallungen ausschalten und ein triumphbogenartiger Mittelteil hätte einen monumentalen Hintergrund für das Maria-Theresia-Denkmal geschaffen (Abb. 6). Das Burgtor wäre durch Säulenhallen und ein Denkmal für Rudolf von Habsburg ersetzt worden.

1913 wurde zum ersten Mal vor dem Kaiser über die Unmöglichkeit der Vollendung des Forums gesprochen – zu teuer, zu groß, zu unmodern. Der Kaiser beschloss nun endgültig, den Bau des zweiten Burgflügels aufzugeben. Somit hat eine Mischung aus Mikro- und Makrogeschichte dazu geführt, dass das Wiener Kaiserforum ein Torso blieb. Waren es zunächst die persönlichen Differenzen der beiden Architekten Semper und Hasenauer, der Weggang Sempers von Wien und der plötzliche Tod Hasenauers, die zu Bauverzögerungen führten, so spielten später auch die privaten Schicksalsschläge Kaiser Franz Josephs eine nicht geringe Rolle dabei, dass dieser das Interesse an dem Riesenprojekt verlor. Der Ausbruch des Ersten Weltkrieges verhinderte endgültig die Vollendung.

Abgesehen von den baulichen Veränderungen am und um das Burgtor durch den Einbau eines Heldendenkmales beschäftigten sich vor allem Otto Wagner (1841-1918) und zwei seiner Schüler, Hans Mayr (1877-?) und Josef Hannich (1889-1962) in ihren Diplomarbeiten mit der Vollendung dieses städtebaulichen Torsos. Hier sind vor allem die Vorschläge für das Areal der Hofstallungen im Hinblick auf das Museums-Quartier interessant, da immer davon ausgegangen wird, diese gänzlich abzureißen. Wagner plant dort 1895 Museumstrakte sowie Dienstwohnungen (Abb. 7). Für die Neue Hofburg wird eine Vollendung des Torsos nach den Plänen Sempers angenommen, wobei im Falle von Wagner und Hannich auch der Thronsaal einer Neuplanung unterworfen wird.

Mayr bezieht das Areal bis zur Siebensterngasse in seinen Plan mit ein und projektiert eine Erweiterung der Hofmuseen, Volksgarten. In Ohmannn's design the colonnade made a straight line whereas Baumann's formed a segment of a circle. At the far end of the Kaiserforum, Ohmann wanted to negate the angle made by the stables building by placing two blocks in front of it, one on either side of the centre bay. These buildings followed the line of Mueumstrasse, i.e. ran parallel to the short ends of the museums. Baumann sought to solve the problem of the angled stables building by means of a colonnade along Lastenstrasse between the museums and a central section with a triumphal arch which would have provided a monumental background for the Maria Theresia monument (ill. 6) The Burgtor would have been replaced by columnar halls and a monument to Rudolf von Hapsburg.

In 1913 the impossibility of completing the forum was mentioned for the first time in front of the emperor: It was too large, too expensive and too outmoded. The emperor then decided to finally abandon the idea of building the originally planned second wing. Thus a combination of micro and macro history led to the fact that the Vienna Kaiserforum remained a torso. Initially it was the differences between the two architects Semper and Hasenauer, Semper's departure and Hasenauer's sudden death which led to delays in construction. Later, private tragedies in the life of the emperor played a not inconsiderable role in his loss of interest in this gigantic project. The outbreak of the First World War finally and decisively put an end to any plans for its completion.

Apart from alterations to and around the Burgtor in the course of the construction of a Heroes' Memorial it was above all Otto Wagner and two of his students, Hans Mayr and Josef Hannich (in their degree theses), who concerned themselves with the completion of this urban torso. It is above all the proposals for the area of the court stables that, as regards the MuseumsQuartier, are of special interest because the starting point for these proposals was that the stables should be demolished entirely. In 1895 Wagner planned museum buildings and apartments for officials (ill. 7). For the Neue Hofburg the completion of the torso according to Semper's plans was proposed whereby both Wagner and Hannich replanned the Throne Room.

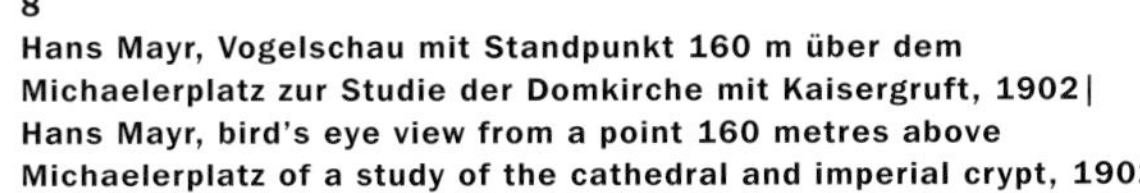

8
Hans Mayr, Vogelschau mit Standpunkt 160 m über dem
Michaelerplatz zur Studie der Domkirche mit Kaisergruft, 1902 |
Hans Mayr, bird's eye view from a point 160 metres above
Michaelerplatz of a study of the cathedral and imperial crypt, 1902

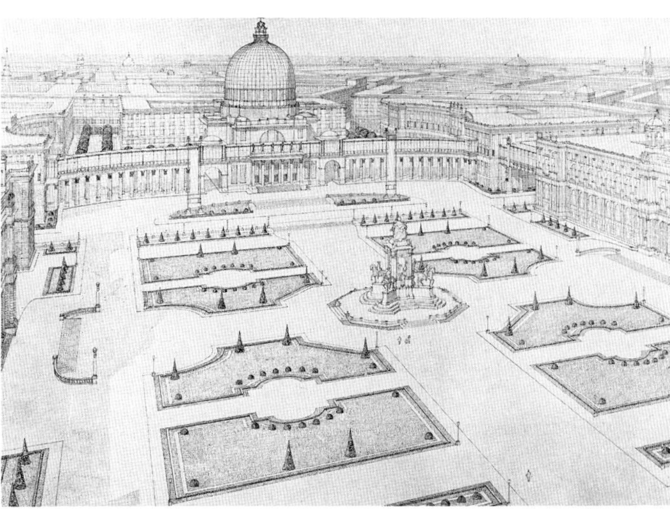

9
Josef Hannich, Westlicher Abschluss des Museumsplatzes, 1912 |
Josef Hannich, western termination of Museumsplatz, 1912

Stall- und Wirtschaftsgebäude, Mietshäuser sowie einen Dom
mit Kaisergruft und dazugehöriges Kloster (Abb. 8).

Auch im Entwurf von Hannich ist eine Hofkirche mit Kaisergruft
das dominierende Element nebst Museumsgebäuden, Dienstwohnungen und einem Pfarrhof (Abb. 9). Diese Idee des
Neubaues der Grablege für das Kaiserhaus geht wohl auf die
Vorschläge Otto Wagners für den Neubau der Kapuzinergruft
aus dem Jahre 1898 zurück.

Rudolf Perco (1884-1942), ebenfalls ein Wagner-Schüler, hat
1918 und 1934 Ideen für Monumentalbauten mit sakralem
Charakter an Stelle der Hofstallungen vorgelegt. Das Sühnedenkmal für den Ersten Weltkrieg sollte „dem Gott des Schick-
sals geweiht" sein und mit einer Höhe von 150 Meter enorme
Ausmaße besitzen (Abb. 10). 1934 ist es ein ökumenischer
Kirchenbau zur „Wiedervereinigung sämtlicher christlicher
Bekenntnisse der Welt", mit dem Namensungetüm „Reunions-
gedächtnisdomanlage – Die Zelte Davids" (Abb. 11). Der
gigantische Dom auf dem Areal der Hofstallungen hätte einen
gewaltigen architektonischen Gegenpol zur Hofburg dargestellt.
Mit der Machtübernahme der Nationalsozialisten in Österreich
begann man sich wieder für die Ringstraße und das Kaiserforum zu interessieren. Als Gegenstück zum *Corps de Logis*
war ein „Haus des Führers", ein quadratischer Bau mit Wehr-
türmen als Ausstellungsbau für zeitgenössische Kunst geplant.
Den Abschluss zum Volksgarten sollte eine Heldengedenk-
stätte mit dem Grabmal des Unbekannten Soldaten bilden.
Zu diesem Zweck wollte man den Theseustempel aus dem
Volksgarten auf einen 30(!) Meter hohen Granitsockel stellen
und die beiden Feldherrendenkmäler vor den Burggartenflügel
der Hofburg versetzen. Aber auch das Areal der Hofstallungen
sollte für museale Zwecke und als multifunktionales Ausstellungszentrum genutzt werden. Ein wichtiger Aspekt der Neugestaltung war die Betonung der Achse Michaelerplatz – Burgtor – Haupteingang der Hofstallungen. Der letzte Vorschlag
dieser Art stammt aus dem Jahre 1941 (Abb. 12).

Diese Projekt beinhaltete Museumsbauten an der Mariahilfer
Straße und an der Burggasse, eine Halle für temporäre
Ausstellungen an der Karl-Schweighofer-Gasse und einen
Hotelbau an der Ecke Mariahilfer Straße/Schweighofer-Gasse.

Mayr included an area extending as far as Siebensterngasse in
his scheme and planned an extension to the museums, stables and outbuildings, tenement houses and a cathedral with
an imperial crypt and associated monastery (ill. 8).

In Hannich's design too, a court church with imperial crypt
is the dominating element beside the museum buildings,
officials apartments and a presbytery (ill. 9). The idea of a new
building for the final resting place of the emperors most probably refers back to a proposal made by Otto Wagner in 1898
for a new building for the Capuchin church in the crypt of
which the coffins are still located.

Rudolf Perco (1884-1942), also a student of Wagner,
presented ideas for monumental buildings with a religious
character on the site of the court stables in 1918 and 1934.
The atonement monument for the First World War was to be
dedicated to "the God of Destiny", and to have an enormous
scale with a height of 150 metres (ill. 10).
In 1934 it is an ecumenical church dedicated to the "Reunification of all Christian beliefs in the world" with the unwieldy
name Reunification Memorial Cathedral Complex – The Tent
of David (ill. 11). The gigantic cathedral on the site of the
Court stables would have represented a powerful architectural
counterpoint to the Hofburg.

With the Nazi take-over of power in Austria attention was
again directed to the Ringstrasse and the Kaiserforum. A
House for the Führer was planned as a counterpoint to the
Corps de Logis: a square building with defensive towers as an
exhibition building for contemporary art. A Heroes' Memorial
with the tomb of the Unknown Soldier was to form the terminating element on the Volksgarten side. The intention was to
place the Theseus temple from the Volksgarten on a 30 (!)
metre high granite plinth and to move the two existing eques-
trian monuments to military leaders to in front of the
Burggarten wing of the Hofburg. The site of the Court stables
was also to be used for museum functions and developed as
a multifunctional exhibition centre. An important aspect of the
new design was the emphasis of the axis Michaelerplatz-
Burgtor-main entrance to the Court Stables. The last proposal
of this kind dates from 1941 (ill. 12).

10 Rudolf Perco, Sühnedenkmal
für den 1. Weltkrieg, 1918|
Rudolf Perco, atonement memorial
for the First World War, 1918

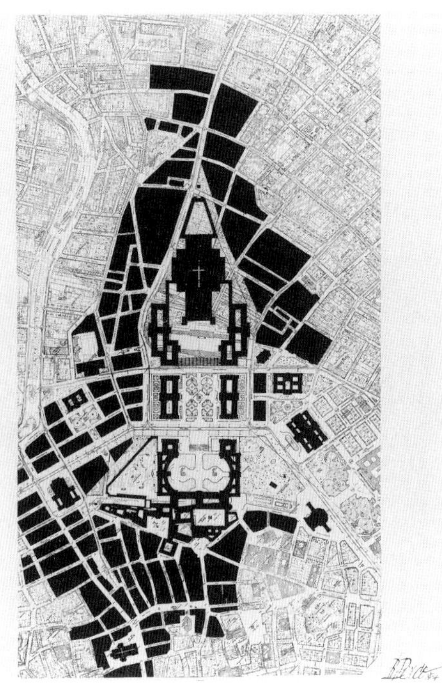

11 Rudolf Perco,
„Die Zelte Davids",
Grundriss, 1934|
Rudolf Perco,
The Tent of David,
plan, 1934

Wie bei den meisten Planungen dieser Zeit waren die Gebäudehöhen enorm: die große Ausstellungshalle wäre als Abschluss der Forumsachse fast so hoch gewesen wie der später errichtete Flakturm im Hof der Stiftskaserne (der übrigens auch genau auf dieser Achse liegt, was kein Zufall ist). Diese kurze Geschichte des Wiener Kaiserforums zeigt, dass sowohl die Weltpolitik als auch die Lokalgeschichte die Überlegungen für die Gestaltung dieses Stadtraumes mitbestimmt haben, und dass sich an der Natur der Diskussionen mit ihren oft kleinlichen Streitereien im Laufe der Jahrhunderte wenig geändert hat. Die Ausmaße und der Anspruch dieses Stadtraumes haben die Architekten zu allen Zeiten zu mehr oder weniger gigantomanischen Projekten verleitet. Schließlich ist aber das Wiener Kaiserforum ein glanzvolles Beispiel dafür, dass selbst gescheiterte Vorhaben zu recht ansehnlichen Resultaten führen können.

This project places museum buildings on Mariahilfer Strasse and on Burggasse, a hall for temporary exhibitions on Karl-Schweighofer-Gasse and a hotel building on the corner of Karl-Schweighofer-Gasse and Mariahilfer Strasse. As in most projects dating from this period the buildings were enormously tall: the large exhibition hall at the end of the forum axis would have been almost as high as the Flakturm (anti-aircraft defence tower) later built in the courtyard of the Stiftskaserne (barracks) that, incidentally, also lies on this axis – which is, of course, no accident.
This brief history of the Vienna Kaiserforum shows that both global politics and local history determined the considerations on the shaping of this urban space and that the nature of the discussions, with their often petty disputes, has altered little in the course of the centuries. The dimensions and demands of this urban space have led architects in all periods to produce more or less gigantic projects. Finally, the Vienna Kaiserforum is an excellent example of the fact that even frustrated intentions can lead to respectable results

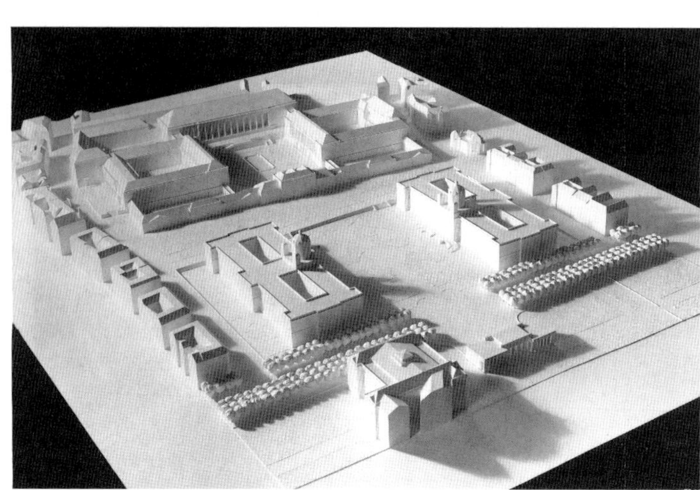

12 Hermann Kutschera und A. Ubl,
Projekt für die Neugestaltung der
Hofstallungen, 1941|
Hermann Kutschera and A. Ubl,
project for the redesign of the court
stables, 1941

Zufallsergebnis oder geplante Vielfalt?
Das Konzept des MuseumsQuartiers |
A Product of Chance or Planned Diversity?
The Concept of the MuseumsQuartier

Von | by Dieter Bogner

Zeitgenössische Kunst und Architektur, experimentelles Theater und Tanz, Kunsttheorie und Kunstinformation, experimentelle Medienpraxis und alternative Kulturarbeit, Kinder- und Jugendkultur, Freiräume für Innovation und Entwicklungsarbeit, Restaurants, Buchhandlungen und Cafés prägen das kulturelle Angebot des MuseumsQuartiers. Steckt hinter dieser schwer zu überschauenden Fülle ein ausgeklügeltes Konzept, zielorientierte Planung oder handelt es sich um das chaotische Ergebnis eines Zufallsprozesses?

Aus der Sicht des bis 1994 für die Entwicklung des Konzepts verantwortlichen Leiters der MuseumsQuartier Errichtungs- und Betriebsgesellschaft[1] ist die Antwort eindeutig: Eine 1989 entwickelte Vision hat sich durchgesetzt und ist schrittweise Wirklichkeit geworden. Gegen vielfältige Widerstände, den Druck rückwärtsgewandter Interessen und durch Überstehen mannigfacher politischer Wechselbäder entstand im historischen Herzen Wiens, im Areal der ehemaligen kaiserlichen Stallungen ein für prozesshafte Veränderungen offenes, multidisziplinär angelegtes Zentrum zeitgenössischer Kunst und Kultur. Nicht alles wurde erreicht, schmerzliche Lücken sind zu beklagen. Doch! Der „Turm" wird kommen! Das Museum moderner Kunst wird erweitert! Für weitere Bauten ist Platz, oberirdisch ebenso wie unterirdisch! Der auf permanente Veränderung angelegte „Quartiergedanke" wird sich durchsetzen; Kunst und Kultur kennen keinen Stillstand, das MuseumsQuartier muss darauf reagieren können.

Die Gegner des Projekts – nationale und internationale Kunsthistorikergruppen, selbsternannte Denkmalschützer, Fiakerunternehmer, anonym polemisierende Zeitungsherausgeber, wendige Politiker und nicht wenige Mitläufer – konnten sich mit ihrer Forderung nach bedingungslosem Konservieren des Bestehenden nicht durchsetzen. Sie haben aber – das ist eine traurige Tatsache – dem Projekt Schaden zugefügt, vor allem dem urbanistischen und architektonischen Konzept von Ortner & Ortner. Das vertikale Zeichen des Medien- und Leseturms fiel diesen Diskussionen ebenso zum Opfer wie das System unterirdischer Anlieferungen, wodurch das gesamte Hofareal verkehrsfrei (!) geblieben wäre. Hochwertige kulturelle Werte haben die Gegner durch ihre Aktionen weder erhalten noch geschaffen.[2]

Überraschend ist, dass im Laufe der inzwischen schon legendär gewordenen Auseinandersetzungen über das Architekturprojekt, die inhaltliche Komponente, die Besiedlungsphilosophie des MuseumsQuartiers, wenig diskutiert und kaum angetastet wurde. Die wichtigste Qualität liegt in der geplanten Komplexität und im Kontrastreichtum eines kulturellen Beziehungsgeflechts, das seine Stärke und Aktualität aus der Verknüpfung von nur zwei großen Museen – Museum moderner Kunst und

Contemporary art and architecture, experimental theatre and dance, art theory and information on art, experimental media practice and alternative cultural work, children's and youth culture, spaces for innovation and development as well as restaurants, bookshops and cafes define the cultural facilities offered by the MuseumsQuartier. Is there a developed concept amongst this almost excessive richness, is it the result of goal-oriented planning or are we dealing here with the chaotic outcome of an accidental process?

From the viewpoint of the director (until 1994) of the MuseumsQuartier Founding and Operating Society[1] who was responsible for the development of the concept the answer is clear. A vision developed in 1989 has been pushed through and has become reality in a series of steps! In the face of opposition on various fronts, under pressure from backward-looking interests and by weathering manifold changes in the political climate a multi-disciplinary centre for art and culture open to the process of change, the MuseumsQuartier has developed in the grounds of the former imperial stables in the historic centre of Vienna. Not everything planned was achieved, one can lament painful omissions. But the 'tower' is coming! The museum of modern art will be extended! There is space for further buildings above and below ground! The 'Quartier mentality' based on permanent change will triumph; art and culture know no standstill and the MuseumsQuartier must be able to react to this fact.

Opponents of the project, domestic and foreign groups of art historians, self-appointed conservationists, Fiaker businessmen, anonymously polemical newspaper publishers, turncoat politicians and not few collaborators could not push through their demand for the uncompromising conservation of the existing substance. However, and this is a lamentable fact, they were able to inflict damage on the project and above all on Ortner & Ortner's urban architectural concept. The vertical sign to be made by the media and reading tower fell victim to the discussions along with the system of underground deliveries which would have left the entire courtyard area free of traffic! Through their actions the opponents have neither preserved nor created any cultural values of any quality.[2]

It is surprising that in the course of confrontations about the architectural project, which are by now legendary, the content and the settlement philosophy of the MuseumsQuartier was little discussed and hardly touched upon. The most significant quality lies in the planned complexity and in the rich contrasts in the cultural mesh of relationships which derives its strength and contemporary quality from the linking of only two museums, the museum of modern art and the Leopold Museum, with a variety of medium-size and smaller, typologically highly varied cultural facilities and initiatives with a contemporary orientation.

Leopold Museum – mit einer Vielzahl mittlerer und kleiner typologisch höchst unterschiedlicher kultureller Einrichtungen und Initiativen mit zeitgenössischer Orientierung bezieht. Dabei ist entscheidend, dass diese inhaltlich wie wirtschaftlich voneinander unabhängig sind. Derzeit arbeiten in dem 60.000 m^2 Nutzflächen umfassenden Areal bereits an die 20 Kultureinrichtungen. Die Zahl der Nutzer wird sich in Zukunft wesentlich erhöhen, durch die Besiedlung des derzeit im Aufbau befindlichen Quartier 21 und die Umsetzung einer Bürogemeinschaft Kultur.

Entscheidend für die Entwicklungsfähigkeit dieses verdichteten Kulturareals ist, dass jede der dort angesiedelten autonomen Aktivzellen einen individuellen Beitrag zum Gesamtbild leistet. Mit dieser Besiedlungsphilosophie setzt das MuseumsQuartier einer traditionellen vertikalen Entscheidungsstruktur und zentralistischen Steuerung die Idee einer durch Unübersichtlichkeit geprägten losen „Konföderation" mit flacher Hierarchie entgegen, stellt Gleichschaltung ein autonomes Neben-, Mit- und Gegeneinander gegenüber. In diesem Anspruch liegt die für die Zukunftsentwicklung entscheidende, weltweit wohl einzigartige Qualität des MuseumsQuartiers.

Der Besiedlungsprozess des MuseumsQuartiers ist noch lange nicht abgeschlossen, und soll dies auch nie werden. Bereits in der Präambel der Ausschreibung für die 2. Stufe des Architektenwettbewerbs bekundet der Auslober, die Republik Österreich, seine Absicht, bei der Besiedlung des gesamten Areals schrittweise vorzugehen. Gefordert wird keine „homogene und festgeschriebene Gesamtlösung", sondern die Möglichkeit, „den dynamischen Prozess der ‚Besiedlung' möglichst offen zu halten."[3]

Das Konzept für das MuseumsQuartier legte seine Feuerprobe schon lange vor der offiziellen „Eröffnung" erfolgreich ab. Bereits vor der Mitte der 1990er Jahre – als der Kampf um das Architekturprojekt noch voll im Gang war – beginnt die Errichtungs- und Betriebsgesellschaft in den verwahrlosten Gebäuden der ehemaligen Hofstallungen mit der Ansiedlung innovativer und experimenteller Kulturinitiativen. Sie wirkt damit als Initialzünderin und Impulsgeberin wichtiger zeitgenössischer Produktions- und Vermittlungseinrichtungen und vor allem auch als Beherbergerin für kulturelle Neugründungen. Dieses Vorgehen entspricht dem Grundkonzept, das primär ein Schließen von Lücken im zeitgenössischen Kulturangebot Wiens vorsieht, als schon etablierten Institutionen Raum für Erweiterungen einzuräumen. Zu den wichtigsten Initiativen gehörten die Integration eines Kindermuseums und einer Architekturgalerie in das Konzept des MuseumsQuartiers,[4] die Unterbringung des Kunstraums Wien, eine Initiative des Bundeskunstkurators Markus Brüderlin und der von Stella Rollig gegründeten

The decisive aspect is that these are independent of each other in terms of both content and financing. At present about 20 cultural facilities operate in the 60,000 square metres of the grounds. In the future the number of users will be increased significantly by the arrival of Quartier 21 which is being built up at present and by the creation of a culture based office group. The most important aspect as regards the development potential of this cultural complex is that each of the autonomously active cells settled there makes an individual contribution to the image as a whole. This colonisation policy in the MuseumsQuartier replaces traditional vertical decision-making processes and centralised administration with the idea of a loose confederation and a flat hierarchy characterised by complexity, and contrasts an autonomous way of working alongside, with and against each other with co-ordination. This aim harbours that unique quality of the MuseumsQuartier which is so decisive for its future.

The process of colonizing the MuseumsQuartier is by no means concluded and indeed it never should be. In the introduction to the specifications for the second phase of the architecture competition the Republic of Austria announced its intention to organise the colonisation of the entire area in a series of steps. The requirement was not for a homogeneous and clearly defined total solution but rather to create a possibility of keeping the dynamic process of "colonizing" as open as possible.[3]

The concept for the MuseumsQuartier passed a crucial test successfully long before the official opening. In the mid 1990s, while the battle over the architecture project was still being waged, the Founding and Operating Society began to settle innovative and experimental cultural initiatives in the dilapedated buildings of the former court stables. This society functioned as an initial spark, provided an impulse for important contemporary production and mediating facilities and, most significantly, housed new cultural foundations. This approach accords with the basic concept which primarily envisages filling the gaps in Vienna's supply of contemporary art rather than allowing space for the extension of established institutions. Some of the most sinificant initiatives include the incorporation of a Children's Museum and an architecture gallery in the concept of the MuseumsQuartier,[4] the incorporation of the Kunstraum Wien, an initiative of federal art curator Markus Brüderlin and basis wien, founded by Stella Rollig. A few years later at the same location the Depot built up by Wolfgang Zinggl developed into an international foundry for the theory of contemporary art and Public Netbase established itself as an important factor in the area of the electronic media. The Institute for Cultural Science emerged as an educational

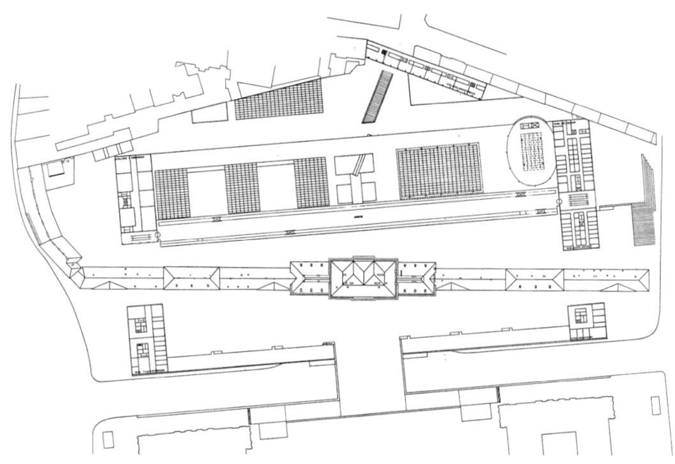

basis.wien. Am gleichen Standort entwickelt sich einige Jahre später das von Wolfgang Zinggl aufgebaute Depot zu einer internationalen Theorieschmiede zeitgenössischer Kunst und Public Netbase etabliert sich als wichtiger Impulsfaktor im Bereich der elektronischen Medien. Das Institut für Kulturwissenschaft tritt als Ausbildungsinstitution für den Museumsnachwuchs auf die Bühne und T-Junction zieht mit zeitgenössischem Tanz und Performances ein. Schon lange wieder vergessen ist, dass die Ansiedlung eines Fotoarchivs – als Initialzündung für ein Österreichisches Fotomuseum geplant – erfolglos war; eine der vielen Hoffnungen, die sich im politischen Hick-Hack rund um das MuseumsQuartier zerschlagen hat. Schon das ungewohnte Arbeits- und Rechtsverhältnis zwischen autonomen Initiativen und der für den Nutzermix verantwortlichen und als Vermieterin auftretenden Betriebsgesellschaft verursacht bis in jüngste Zeit nicht wenige Konfrontationen und Krisensituationen. Eine auf Heterogenität und Individualität ausgerichtete Besiedlungspolitik, die inhaltlich spannende Resultate bringt, kann nicht friktionsfrei ablaufen. So waren die kulturellen Wegbereiter des MuseumsQuartiers in diesen Gründerjahren keineswegs auf Rosen gebettet.

Bereits ab der Mitte der 1990er Jahre präsentiert sich das MuseumsQuartier als Ort eines vielschichtigen Programms an Ausstellungen, Tanzereignissen, Theateraufführungen, Vortrags- und Diskussionsveranstaltungen, Künstleraktionen und –produktionen, Ausbildungsprogrammen u.a.m. Das hat dem Standort MuseumsQuartier nicht nur internationalen Ruf gebracht, sondern ihn vor allem auch beim lokalen Publikum gefestigt und die Entwicklungsfähigkeit des Besiedlungskonzepts bestätigt. Das Besondere des MuseumsQuartiers liegt aber nicht nur in der inhaltlichen Konzeption, sondern vor allem auch in seiner spezifischen Betriebs- und Entscheidungsstruktur. Die MuseumsQuartier Errichtungs- und Betriebsgesellschaft fungiert im Auftrag ihrer Eigentümer – Republik Österreich und Stadt Wien – als „Entwickler". Sie erschließt das gesamte Areal, errichtet für verschiedene Nutzer Neubauten, saniert die historische Bausubstanz und baut eine besucherorientierte Infrastruktur auf. Nur die großen Museen und die Kunst- und Veranstaltungshalle sind vorweg definiert. Die Auswahl der vielen anderen Nutzer basiert auf einem offenen grenzüberschreitenden multidisziplinärer Kunst- und Kulturbegriff, auf der Forderung, Synergien zu mobilisieren, und dem Wunsch, in möglichst großen Bereichen ein Veränderungspotential zu erhalten, das ein Reagieren auf neue Entwicklungen in der zeitgenössischen Kultur ermöglicht. Aufgabe und Ziel ist ein kulturell produktiver und attraktiver Nutzermix. Jede Institution bleibt rechtlich, wirtschaftlich und konzeptionell von der Betriebsgesellschaft völlig unabhängig.

institution for those wishing to work in the area of museums and T-junction moved in with contemporary dance and performances. It is already long forgotten that the establishment of photograph archives planned as an initial impetus for an Austrian Museum of Photography was unsuccessful – one of the many disappointed hopes that resulted from political infighting over the MuseumsQuartier. The unfamiliar working and legal relationship between the autonomous initiatives on the one hand and the operating company which is the landlord and also responsible for the user mix led, up to recently, to several confrontations and crises. A settlement policy based on heterogeneity and individuality capable of producing exciting results cannot be applied without causing friction. For those who prepared the path taken, in cultural terms, by the MuseumsQuartier life in the founding years was no bed of roses.

In the mid 1990s the MuseumsQuartier presented itself as a multilayered programme of exhibitions, dance performances, theatre productions, lectures and discussions, artists' actions and productions, educational programmes etc. and much more. This not only brought the MuseumsQuartier an international reputation as a location but established it above all with the local population and confirmed the development possibilities inherent in the colonisation concept.

However the particular quality of the MuseumsQuartier does not only lie in the content of the concept but primarily in its specific operational and decision-making structure. The MuseumsQuartier Founding and Operating society worked on behalf of the owners, the Republic of Austria and the City of Vienna, as a 'developer'. It opened up the entire site, erected new buildings for various users, renovated the historic building substance and built up a visitor-oriented infrastructure. It was only the large museums and the Kunst and Veranstaltungshalle that were initially defined. The selection of the many other users was based on an open multidisciplinary understanding of culture and art which oversteps boundaries, on the challenge of mobilising synergies and on a wish to preserve a potential for change in as large an area as possible, so allowing a reaction to new developments in contemporary culture. It is both the task and goal to achieve a culturally productive and attractive user mix. Each institution remains legally, economically and conceptually totally independent of the operating company. Thus the entire complex of the MuseumsQuartier is more closely related to a shopping city than a traditional cultural centre. This comparison repeatedly causes uproar in the culture scene as it is understood as referring to content rather than structure, as is intended. The intended advantage of this concept lies in making the exertion of political influence more difficult and preventing the accumu-

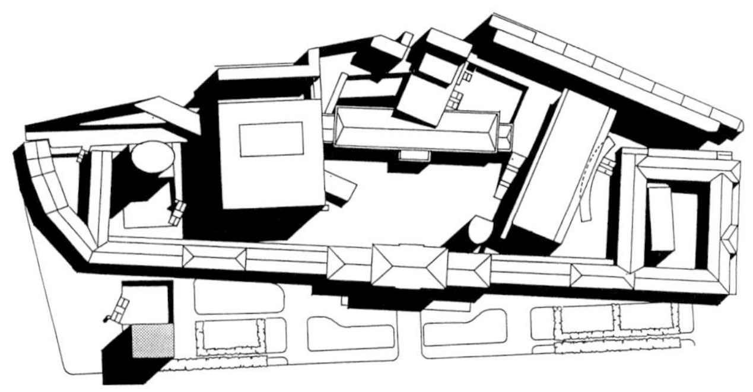

Der Gesamtkomplex MuseumsQuartier ist damit einer Shopping City verwandter als traditionellen Kulturzentren. Dieser Vergleich sorgt – weil fälschlicherweise inhaltlich und nicht wie gemeint strukturell verstanden – laufend für große Erregung in der Kulturszene. Der beabsichtigte Vorteil dieses Konzepts liegt im Erschweren des politischen Zugriffs auf die Gesamtheit der Nutzer bzw. einer Machtaneignung durch einen „Generaldirektor". Damit soll – soweit dies unter den gegebenen Umständen in Österreich überhaupt möglich ist – ein pluralistisches, demokratischeres System erreicht werden, das im Gegensatz zu Entwicklungen in der Wiener Museumsszene steht. Denn bestimmt dort nicht derzeit eher das Recht des Stärkeren das Geschehen, d.h. ein mehr oder weniger freundliches Übernehmen kleinerer Einheiten, ein offensives Erweitern des jeweiligen Einfluss- und Machtbereiches, ein Übertrumpfen der Konkurrenten.

Die Geschichte des MuseumsQuartiers beginnt am Anfang der 1980er Jahre.[5] Damals plant die Stadt Wien, das Areal in ein Einkaufszentrum und Hotelzentrum umzuwandeln. Die Wiener Kunst- und Kulturszene schlägt Alarm, hat Erfolg und verhindert damit die Kommerzialisierung dieses hochwertigen Gebiets. Museumsexperten arbeiten jahrelang an einem Konzept für die Neuordnung der Bundesmuseen, in dem das Flächenangebot der Hofstallungen eine zentrale Rolle spielt.[6] Papiere und Gegenpapiere, Diskussionen und Enqueten wechseln einander ab. Mehr und mehr Personen und Gruppen reden mit. Schließlich setzen sich die Erweiterungswünsche der Bundesmuseumsdirektoren durch. Vorgesehen sind für das Areal der Hofstallungen: das Museum moderner Kunst, eine Galerie der Kunst des 19. Jahrhunderts (aus Beständen der Österreichischen Galerie und des Kunsthistorischen Museums), der Nachlass Fritz Wotrubas, eine Zusammenstellung der anthropologischen und prähistorischen Sammlungen des Naturhistorischen Museums unter dem Titel „Mensch im Kosmos", Ausstellungen des Museums für Völkerkunde im Sinne eines „Museum Humanum", die Verlegung des Lapidariums der Antikensammlung mit dem Heroon von Gölbasi im Zentrum, das Filmmuseum sowie ein multifunktionales Ausstellungszentrum aber auch Restaurierateliers, zentrale Textilateliers und diverse Bildungs- und Freizeiteinrichtungen. Dieses – von Kritikern als „Übersiedlungskonzept" bezeichnete – Papier dient 1986 als Grundlage für die Ausschreibung eines zweistufigen Architektenwettbewerbs.[7] Den ArchitektInnen wird freigestellt, eine vorgeschriebene Zahl an Nutzungen aus einer vorgeschlagenen Auswahl nach eigenem Ermessen zu einem Gesamtkonzept zu erweitern. Eine internationale Jury wählt 1987 acht Projekte.[8] In der Folge kommt es jedoch zu keiner Entscheidung über die Weiterführung des Wettbewerbs. Es kann keine Einigung über

lation of power by one 'director general'. In this way, as far as is possible under the given circumstances in Austria, a pluralistic, more democratic system should develop which provides a contrast to the developments in Vienna's museum scene. For at present the law of the jungle seems to determine what happens there, i.e. a (more or less friendly) take-over of smaller units and an aggressive expansion of areas of influence and power by overcoming competitors.

The history of the MuseumsQuartier starts at the beginning of the 1980s.[5] At that time the City of Vienna planned to transform the site into a shopping centre and hotel complex. The Viennese art and culture scene sounded the alarm, was successful and could prevent the commercialisation of this highly valuable area. Museum experts worked for years on a concept for a new organisation of the federal museums in which the floor area offered by the Court Stables played a central role.[6] Theses and counter-theses were written, discussions and official enquiries followed one another, more and more individuals and groups became involved. Ultimately the expansion wishes of the federal museum directors won the day. For the Court Stables the following was planned: the museum of modern art, a Gallery of 19th Century Art (from the collections of the Austrian Gallery and of the Art History Museum), the estate of Fritz Wotruba, a combination of the anthropological and prehistoric collections of the Natural History Museum under the title 'Man in the Cosmos', exhibitions from the Museum of Ethnology in the context of a 'Museum Humanum', the moving of the lapidarium of the antiquities collection with the Heroon of Gölbasi into the centre, the Film Museum and a multifunctional exhibition centre and also ateliers for restoration, central textile ateliers and various educational and leisure facilities. This paper, described by critics as the "moving house concept", served in 1986 as the basis for setting up a two-phase architecture competition.[7] The architects were allowed to expand a given number of functions to create a total concept by choosing from a suggested selection according to their own judgement. In 1987 an international jury selected eight projects.[8] No decision on the further direction of the competition was made, no agreement was reached on the mix of uses or on financing. In 1988 a new minister, who expressed the wish for a low-budget version, caused an uproar among the architects. A quickly worked out concept for a Museum of Peoples and Cultures emerged briefly but vanished like a shooting star, as did a suggestion for a Museum of the Future. The politicians were at a loss. End of the first act.

The second act began with a further change of ministers. In spring 1989 Eduard Busek ordered the creation of a new

den Nutzungsmix und die Finanzierung erzielt werden. Mit dem Wunsch nach einer Sparvariante sorgt ein neuer Minister 1988 für Aufregung in der Architektenschaft. Ein kurzfristig erarbeitetes Konzept für ein Museum der Völker und Kulturen lässt kurz aufhorchen, die Idee verglüht sternschnuppengleich ebenso wie ein Vorschlag für ein Museum der Zukunft. Die Politiker sind ratlos. Ende des ersten Akts.

Der zweite Akt beginnt mit einem neuerlichen Ministerwechsel. Bundesminister Erhard Busek bestellt im Frühjahr 1989 ein neues Konzeptteam. Der Autor dieses Beitrags Dieter Bogner und der Architekturkritiker Dietmar Steiner erhalten den Auftrag, nach kritischer Analyse der bisherigen Vorarbeiten und Ergebnisse, für die 2. Stufe des Wettbewerbs ein schlüssiges inhaltliches Leitbild, eine umsetzungsfähige Besiedlungsstrategie, eine daraus abgeleitete Auswahl von Nutzungen und für diese ein präzises museologisches Raum- und Funktionsprogramm zu entwickeln. Wenige Monate später tritt an die Stelle des historisch orientierten „Übersiedlungskonzepts" eine klar definierte Strategie, das Areal Phänomenen moderner und zeitgenössischer Kunst und Kultur zu widmen. Programmatisch anzusiedeln sind primär Institutionen mit „vorrangig experimentell-prospektiver" Ausrichtung unter besonderer Beachtung besucherbezogener Vermittlung. Inhaltlich bestimmte Inhomogenität und Veränderungsfähigkeit gelten als anzustrebende Qualitäten. Der konzeptionelle Kern besteht aus der Verknüpfung des bereits existierenden Museums moderner Kunst und eines neu zu gründenden ca. 10.000 m² umfassenden Medienforums. In dessen Zentrum sieht das Konzept ein gegenwartsbezogenes, alltagskulturell orientiertes Medienzentrum vor, das dem „experimentellen Aufspüren des Geschehens in den Medien und der Auseinandersetzung mit ihren Inhalten und Technologien" dienen soll. Angeschlossen wäre eine publikumsnahe Handbibliothek für Gegenwartskultur und Medien, eine Verbindung von Filmmuseum und Filmarchiv sowie eine Konzentration österreichischer Fotographiesammlungen. Als wichtiges Aktionszentrum ist die Errichtung einer Kunsthalle der Stadt Wien mit angeschlossener Veranstaltungshalle für moderne und zeitgenössische Kunst, Musik, Tanz und Theater geplant. In einem ebenfalls neu zu gründenden Kulturpädagogischen Zentrum sollte Vermittlungskompetenz entwickelt und als Dienstleistung österreichweit angeboten werden. Einem Museum „Ideengeschichte der Österreichischen Moderne" weist das Konzept von Bogner/Steiner die Aufgabe zu, eine produktive Wechselbeziehung zwischen den kulturellen und wissenschaftlichen Pionieren Österreichs darzustellen und deren Bedeutung für die kulturelle Entwicklung des 20. Jahrhundert zu vermitteln. Die Sammlung Leopold, deren Ankauf damals bereits diskutiert wurde, wäre in einen multidisziplinären kulturellen Kontext gestellt worden.[9]

concept team. The author of this contribution Dieter Bogner and the architecture critic Dietmar Steiner were commissioned to prepare incisive guidelines in terms of content for the second phase of the competition and for an applicable colonisation strategy based on a critical analysis of the earlier work and results. From this strategy they were to derive a selection of uses and a precise museum, spatial and functional brief. A few months later in place of the historically oriented "moving house concept" there emerged a clearly defined strategy to devote the site to phenomena of modern and contemporary art and culture. In programmatic terms primarily institutions with a "largely experimental prospective orientation" were to be established, taking particular account of visitor-oriented communication. The qualities to be achieved were a non-homogeneity in terms of content and the ability to adapt. The conceptual core consisted of linking the already existing museum of modern art and new media forum in about 10,000m². At its core the concept envisaged a media centre relating to contemporary everyday culture to serve the experimental tracing of happenings in the media and the confrontation with its contents and technology. A user-friendly library for contemporary culture and media, a connection of the Film Museum and Film Archives and a concentration of Austrian photography collections were to be attached. The erection of a Kunsthalle (arts centre) for the City of Vienna with an attached hall for modern and contemporary art, music, dance and theatre was planned as an important centre of action. The ability to communicate cultural information was to be developed and offered as a service throughout Austria in a cultural education centre also to be newly founded. Bogner/ Steiner's concept allotted to a museum for the History of the Ideas of Austrian Modernism the task of representing a productive relationship between the cultural and economic pioneers in Austria and their significance for cultural development in the 20th century. The Leopold collection, the purchase of which was already under discussion, was thus to be placed in a multidisciplinary cultural context.[9]

In autumn 1989 the second phase of the architecture competition commenced. It ended in spring 1990 with the recommendation of the jury that the project by Manfred and Laurids Ortner should be built. This decision closes the second act, which then leads seamlessly into the third. Dieter Bogner was appointed concept co-ordinator and, together with Günther Bischof, director of the MuseumsQuartier Founding and Operating Society.

There then followed years of struggle about the application or further development of the content guidelines. The Children's Museum, the core of which already existed in the culture

Im Herbst 1989 startet die 2. Stufe des Architektenwettbewerbs. Sie endet im Frühjahr 1990 mit der Empfehlung der Jury, das Projekt von Laurids und Manfred Ortner zu realisieren. Mit dieser Entscheidung schließt der zweite Akt, der diesmal bruchlos in den dritten übergeht. Dieter Bogner wird als Konzeptkoordinator und gemeinsam mit Günther Bischof als Geschäftsführer der MuseumsQuartier Errichtungs- und Betriebsgesellschaft bestellt.

Es folgen Jahre des Ringens um die Umsetzung bzw. Weiterentwicklung der inhaltlichen Leitlinien. Das Kindermuseum, das im Kern bereits im Kulturpädagogischen Zentrum enthalten ist, nimmt seine Tätigkeit im Jahr 1994 auf. Später siedeln sich in seinem Umfeld noch ein Theaterhaus für Kinder und ein Informationszentrum für Kinder (wienXtra-kinderinfo) an. Politische Überzeugungsarbeit ermöglicht die Integration einer Architekturgalerie, die als ArchitekturZentrum Wien 1993 ihre Ausstellungstätigkeit beginnt. Ganze inhaltliche Blöcke werden von Politikern herausgebrochen. So fällt das groß angelegte Medienforum einer Initiative der Stadt Wien zum Opfer. Ein wichtiger Schritt in die Richtung eines weiten Spektrums zeitgenössischer Aktivitäten gelingt ab 1994 mit der Ansiedelung von Projekträumen der damals berufenen Bundeskunstkuratoren: Es entstehen die Basis Wien und der Kunstraum Wien, an dessen Standort später das Depot entstehen sollte. Angesiedelt wird auch Public Netbase, ein kleines aber überaus dynamisches und erfolgreiches Medienzentrum sowie erste Ansätze für eine Bürogemeinschaft Kultur. Damit halten Programmpunkte, die ursprünglich im weithin sichtbaren Turm vorgesehen waren, in das MuseumsQuartier Einzug, doch – und das ist typisch für Wien – in modifizierter Form versteckt hinter barocken Mauern. Dieses „Nicht-Sehen-Wollen" und damit Verstecken zeitgenössischer Architektur und Inhalte ist für das jahrelange Tauziehen um das MuseumsQuartier charakteristisch.[10] Mit dem Tanzquartier Wien zieht ein Forum der Choreographie und Perfomance ein, während die Tanzinitiative T-Junction das Areal verlassen muss. Die Integration des Verbands Österreichischer Galerien, der Kunstkritikervereinigung AICA oder der Redaktion der Springerin zielt auf den Aufbau einer kostensparenden und Synergien schaffenden Bürogemeinschaft Kultur. Verschiedene Zwischenberichte spiegeln diese schrittweise Entwicklung deutlich wieder.[11]

1996 rückt die Verwirklichung des Projekts in greifbare Nähe. Damals nimmt der Ministerrat das kontinuierlich weiterentwickelte Besiedlungskonzept – inhaltlich ebenso wie organisatorisch – einstimmig zur Kenntnis und gibt damit letztlich das entscheidende grünes Licht für die Verwirklichung des MuseumsQuartiers und für dessen zukünftige Entwicklung.[12] Unter Berufung auf dieses Papier konnte der derzeitige

educational centre, started its activity in 1994. Later a theatre house and an information centre for children (wienXtra-kinderinfo) moved in close by. Successful attempts to convince politicians allowed the integration of an architecture gallery which held its first exhibitions as the Architektur Zentrum Wien in 1993. Blocks which were complete in terms of content were broken up by the politicians. The planned media forum fell victim to an initiative by the City of Vienna. A significant step in the direction of creating a broad spectrum of contemporary activities was made in 1994 with the locating of the project spaces for the federal curators appointed at the time. Basis.Wien and the Kunstraum Wien were set up, the Depot was later to develop at their location. Public Netbase, a small but extremely dynamic and successful media centre was set up and the first steps for a cultural office community were taken. Programme points originally planned to be housed in the tower, which would have been visible from afar, moved into the MuseumsQuartier and, in a typically Viennese way, were hidden in a modified form behind baroque walls. This "not wanting to see", this hiding of contemporary architecture and contents is typical of the long struggle over the MuseumsQuartier[10]. The Tanzquartier Wien, a forum for choreography and performance, moved in while the dance initiative T-junction had to leave the site. The integration of the Association of Austrian Galleries, the AICA association of art critics or the editorial staff of the art magazine *Springerin* aim at building up a cost-reducing synergy and creating a culture office community. Various intermediate reports reflect this step by step development.[11]

In 1996 the completion of the project moved to within reachable distance. The council of ministers unanimously accepted the colonisation concept, which had been continuously further developed in terms of both content and organisation. This then gave the final green light to the realisation of the MuseumsQuartier and for its future development.[12]

Referring to this paper the present director of the MuseumsQuartier, Wolfgang Waldner, could push through the realisation of the Quartier 21 concept. For the authors of the concept, Markus Weiland and Vitus Weh, it represents a "modular action platform for independent small institutions, art offices and temporary initiatives, a place for the critical discourse and confrontation with contemporary culture and its production as well as a docking station for cultural start-ups."[13] The Q21 is to be an element of "uncertainty, flexibility and permanent surprise" in the completed MuseumsQuartier complex. It must "include the provisional, ultimately determine its own half-life value and can derive the required dynamic at best from a small-scale structure of individually responsible and construc-

Geschäftsführer des MuseumsQuartiers, Wolfgang Waldner,
die Verwirklichung des Konzepts Quartier 21 durchsetzen. Für
die Autoren des Konzepts, Markus Weiland und Vitus Weh,
handelt es sich um eine „modulare Aktionsplattform für unab-
hängige Kleininstitutionen, Kulturbüros und temporäre Initiativen, ein Ort für die kritisch-diskursive Auseinandersetzung
mit zeitgenössischer Kultur und deren Produktion, sowie die
Andockstation für kulturelle Start-ups."[13] Das Q21 soll ein
Element „der Ungewissheit, der Flexibilität und der permanenten Überraschung" in das nunmehr fertiggestellte Areal des
MuseumsQuartier sichern. Es muss „das Provisorium mitein-
bauen, letztlich seine eigene Halbwertszeit festsetzen" und
kann „die gewünschte Dynamik am ehesten aus einer klein-
teiligen Struktur eigenverantwortlicher und konstruktiv kon-
kurrenzierender Content-Unternehmer" beziehen. Das Q21
könnte auf mehr als viertausend Quadratmetern die Grundidee
des MuseumsQuartiers quasi in „idealer" Form verwirklichen
und als kritisches Potential und „Gewissen" dem „großen"
MuseumsQuartier mit seiner Tendenz zur Institutionalisierung
Tag für Tag einen Spiegel vor Augen halten. Mit dem Konzept
für das Q21 hat eine neue, jüngere Generation die Aufgabe
übernommen, die inhaltliche Verwirklichung des Museums-
Quartiers zu sichern. Sie markiert den Übergang vom dritten
zum vierten Akt, der hoffentlich niemals enden wird.[14]

1 Dieter Bogner ist von 1990-94 als Geschäftsführer der Museumsquartier
Errichtungs- und Betriebsgesellschaft für die kulturpolitische und inhaltliche
Entwicklung des Projekts verantwortlich; Dr. Günther Bischof als Geschäftsführer für Bau-, Rechts- und Wirtschaftsfragen (1990-1999).
2 Eine ausführliche Chronologie der ersten „heißen" Jahre (bis 1994) ist
nachzulesen bei Johanna Hofleitner, Die Bilanz der Sirenen, zusammen,
in: Markus Wailand, Wolfgang Zinggl, Zur Sache. Museumsquartier,
Zeitschrift für Kunst- und Kulturpolitik, Jg. 1, Nr. 0/95, S 6-9.
3 Architektenwettbewerb „Messepalast". Areal der ehemaligen
Hofstallungen in Wien, veranstaltet von der Republik Österreich,
Wettbewerbsausschreibung, 2. Phase, Wien 1989.
4 Claudia Haas baute das Kindermuseum, Dietmar Steiner das
ArchitekturZentrum Wien auf.
5 Erste Überlegungen, im Areal der Hofstallungen das Museums moderner
Kunst anzusiedeln, gehen auf Werner Hofmann, Gründungsdirektor des
Museums des 20. Jahrhunderts, zurück.
6 Zu ihnen gehören: Hermann Fillitz, Oswald Oberhuber, Roland Rainer,
Alfred Reiter, Harald Sterk aber auch Hans Dichand und John Sailer.
Die Entwicklungsphase dauert von 1981 bis 1985.
7 Hermann Fillitz, Oswald Oberhuber, Roland Rainer, Alfred Reiter, John Sailer,
Harald Sterk, Konzept für eine Neustrukturierung der Bundesmuseen
(Museumskonzept), Wien 1985
8 Georg Friedler, Ernst Hiesmayr/Rudolf Prohazka, Hans Hollein, Stefan Hübner,
Werner Krakora, Laurids und Manfred Ortner, Oswald Matthias Ungers.
9 Siehe dazu: Dieter Bogner, Anregungen für die inhaltliche Strukturierung und
Aufgabenabgrenzung der Bundessammlungen 19./20. Jahrhundert
10 Abgewehrt können im Laufe der Jahre u.a. die Sammlungen Essl und
Dichand, die Bundessammlung historistischer Gipse der Ringstraßenzeit,
ein Wachsfigurenmuseum, das Heroon von Gölbasi bzw. weitere
Ausdehnungswünsche des Kunst- und Naturhistorischen Museums.
11 Christian Zillner, Museumsquartier. Stand der Dinge, in: Falter, Nr. 1/2/92;
Dieter Bogner, Museumsquartier Wien, Nutzungskonzept.
Interne Diskussionsgrundlage, 1993
12 Die Ministerratsvorlage basiert auf den von Dieter Bogner verfassten
Konzeptpapier, Museumsquartier Wien, Grundsätzlichen Bemerkungen zur
Besiedlungsphilosophie, Wien 1996.
13 Markus Wailand/Vitus Weh, Strukturkonzept für Q21, Wien, Oktober 2000.
14 Nicht für alle Beteiligte mögen die Entwicklung und das Ergebnis des
Museumsquartiers so rosig klingen. Doch ohne Visionen wäre gar nichts
gelaufen und wird es sich nicht weiter entwickeln.

tively competitive content entrepreneurs." The Q21 could, on
an area of more than four thousand square metres, realise
the basic idea of the MuseumsQuartier in, so to speak, an
"ideal form" and, as both critical potential and conscience,
daily hold a mirror up to the "big" MuseumsQuartier with its
tendency towards institutionalisation. The concept for Q21
means that a new younger generation has taken over the task
of ensuring the realisation of the MuseumsQuartier in terms of
content. This marks the transition from the third to the fourth
act, which will hopefully never come to an end.[14]

1 As director of the MuseumsQuartier Founding and Operating Society from
1990-94, Dieter Bogner was responsible for the development of the project
in terms of cultural policy and content; Günther Bischof was director for
building, legal and economic affairs (1990-1999).
2 One can read a comprehensive chronology of the first "hot" years (up to
1994) by Johanna Hofleitner, 'Die Bilanz der Sirenen, zusammen', in:
Markus Wailand, Wolfgang Zinggl, Zur Sache. MuseumsQuartier,
Zeitschrift für Kunst- und Kulturpolitik, year 1, no. 0/95, pp. 6-9
3 Architecture competition "Messepalast". The site of the former Court
Stables in Vienna set up by the Republic of Austria, competition documents,
2nd phase, Vienna, 1989
4 Claudia Haas built up the Children's Museum and Dietmar Steiner the
ArchitekturZentrum Wien.
5 The first ideas of settling the museum of modern art in the area of the Court
Stables date back to Werner Hofmann, founding director of the Museum of
the 20th Century.
6 These include: Hermann Fillitz, Oswald Oberhuber, Roland Rainer,
Alfred Reiter, Harald Sterk but also Hans Dichand and John Sailer.
The development phase lasted from 1981 to 1985.
7 Hermann Fillitz, Oswald Oberhuber, Roland Rainer, Alfred Reiter, John Sailer,
Harald Sterk: Concept for a New Structuring of the Federal Museums
(Museumskonzept), Vienna 1985
8 Georg Friedler, Ernst Hiesmayr/Rudolf Prohazka, Hans Hollein,
Stefan Hübner, Werner Krakora, Laurids and Manfred Ortner,
Oswald Matthias Ungers
9 see: Dieter Bogner: Suggestions for the structuring and definition of
responsibilities for the Federal 19th and 20th century art collections
10 In the course of the years the Essl and Dichand collections could be
successfully repelled as could the Federal Collection of Historic Plaster
casts from the Ringstrasse era, a Wax Figure Museum, the Heroon of
Gölbasi and further expansionist wishes of the Natural History and
Art History Museums.
11 Christian Zillner: MuseumsQuartier. 'Stand der Dinge' (the status quo), in:
Falter, no. 1/2/92;
Dieter Bogner, MuseumsQuartier Vienna, use concept on the basis of
internal discussions, 1993
12 The ministerial document is based on the concept paper written by
Dieter Bogner: MuseumsQuartier Vienna: Grundsätzlichen Bemerkungen zur
Besiedlungsphilosophie (a Basic Commentary on the Settlement Policy),
Vienna 1996
13 Markus Wailand/Vitus Weh, Strukturkonzept für Q21 (structure concept for
Q21), Vienna, October 2000
14 The development and outcome of the MuseumsQuartier project may not
seem as rosy for all those involved. But without vision nothing would have
happened and nothing could develop further.

Kulturelle Urbanisierung: Zur Planungsphilosophie von Ortner & Ortner| Cultural Urbanisation: On Ortner & Ortner's Planning Philosophy

Von|by Matthias Boeckl

Ortner & Ortner: Die monolithische Grundstruktur der drei Neubauten|
The monolithic basic structure of the three new buildings

Nach fünfzehn Jahren Konzept-, Planungs- und Bauzeit kann über die architektonischen Aspekte der Idee von Ortner & Ortner für das MuseumsQuartier eine erste Bilanz gezogen werden. Im Mittelpunkt muss dabei ihr Konzept der dichten Monolithen und des darüber gelegten layers an filigranen Nutzungsarten stehen. Dieses Konzept musste die zahlreichen fundamentalen Änderungswünsche der Bauherrnschaft nach der Zweiten Wettbewerbsstufe, geforderte neue Funktionen einerseits und urbanistische Einschränkungen andererseits, verbinden. Und es musste sich auch in der Partnerschaft mit Manfred Wehdorn bewähren, der Ortner & Ortner von den Bauherrn als Experte für Umnutzung historischer Substanz zugesellt wurde. Wenn das Ergebnis, wie die Architekten es formulieren, ein Abbild der gesellschaftlichen Situation zu einem bestimmten Zeitpunkt ist, also eine Art kultureller Momentaufnahme, dann besteht auch die Zukunftschance, unter den beschleunigten kulturellen Produktionsbedingungen doch noch einiges der früheren Grundidee zu verwirklichen. War das öffentliche urbanistische Bewusstsein – auch durch jahrzehntelangen Informationsmangel – zur Planungszeit für ein strukturelles, statt des gewohnten formalen Verständnisses vielleicht noch nicht reif, so könnte die fortgeschrittene internationale Vernetzung der Stadt und der Betrieb des Museums-Quartiers schon bald einen Bewusstseinswandel herbeiführen.

After fifteen years of designing, planning and building, the first balance can now be drawn up of the architectural aspects of Ortner & Ortner's idea for the MuseumsQuartier. The focus of this must be their concept of dense monoliths and layers of elaborate forms of utilisation laid on them. This concept had to combine numerous fundamental changes requested by the client after the second phase of the competition, with new functions being demanded on the one hand and urbanistic restrictions imposed on the other. And it also had to gain acceptance in the partnership with Manfred Wehdorn, whom the client assigned to work with Ortner & Ortner as an expert on the reutilisation of historical buildings. If, as the architects themselves put it, the result reflects the social situation at a certain point in time, i.e. constitutes a kind of cultural snapshot, then there is also still a chance of implementing some of the earlier basic ideas under accelerated cultural production conditions in the future. Although the public's urbanistic consciousness was, at the planning stage, not yet mature enough for structural comprehension as opposed to the usual formal understanding (partly due to a lack of information which goes back several decades), the city's progressive international networking and the actual operation of the MuseumsQuartier were nevertheless soon able to bring about a transformation of consciousness.

Das Resultat der öffentlichen Debatte: Vom Heldenplatz gesehen dominiert immer noch der Flakturm die Silhouette | The result of the public debate: Seen from Heldenplatz the flak tower still dominates the skyline

Dem MuseumsQuartier war – schon aufgrund seines bedeutenden alten Baubestandes und seiner prominenten städtebaulichen Lage im Kraftfeld zwischen der ehemaligen imperialen Kaiserresidenz und den bürgerlichen Quartieren des Stadtbezirks Neubau – von Anbeginn eine mit zwingender historisch/gesellschaftlicher Logik sich einstellende Kulturdebatte vorherbestimmt. Ihre Intensität und ideologische Verbissenheit wird in der internationalen Wahrnehmung kaum verständlich (und sicher bald vergessen) sein, das Ergebnis jedoch wird ausschließlich an überregionalen Standards und nicht an ästhetischen Vorstellungen einer lokalen Minderheit gemessen werden. Ästhetik ist nicht das Hauptkriterium zeitgenössischer Stadtentwicklung. Wien war seit der Kaiserzeit – mit der Ausnahme der später in weitgehender Rekonstruktion aufgehenden Bombenschäden des Zweiten Weltkrieges – nicht mehr mit einer derart großvolumigen Umnutzung ihres innerstädtischen Bestandes konfrontiert gewesen. Und dementsprechend unscharf waren die Kriterien, an denen Politik und Publizistik den Ansatz der Architekten und der entscheidenden Programmformulierer Dieter Bogner und Dietmar Steiner maßen. Im wesentlichen beschränkten sich die (erbitterten) Debatten auf formale Fragen des „Stadtbildes", die jedoch durch die geplanten neuartigen Funktionen mit ihrer Mischungsstruktur völlig anderer als der traditionellen Nutzungsformen staatlicher Kulturbauten ein vom wahren Planungsthema weitgehend unabhängiges Dasein führten. Das Problem bestand darin, dass die Planer und Konzeptentwickler über Strukturen, die öffentliche Debatte jedoch über Formen sprach.

Der strukturelle Grundansatz aller Projekte von Ortner & Ortner für das MuseumsQuartier ist die Reaktion auf „Kraftfelder" der Stadt – eine Reaktion, die sich oberflächlich in bestimmten Ausrichtungen der Bauten manifestiert, in der inneren Neuinterpretation etwa des Typus „Museum moderner Kunst" jedoch weit über diese formale Ebene hinausgeht. Dahinter steht eine Vorstellung von Stadt, die Ortner & Ortner seit ihren Experimenten der 1960er Jahre (damals noch in der Formation der „Haus-Rucker-Co") während einer internationalen Karriere als in Österreich lange Zeit unterschätzte Teilnehmer der weltweiten urbanistischen Debatte entwickelt haben. Die „Amnestie für die Realität" und der Abschied von idealistischen Denkmustern der Stadtplanung ist die Leitlinie dieses Bewusstseins, das in europäischen Regionen fortgeschrittener Urbanisierung und eines hohen gesellschaftlich-wirtschaftlichen Entwicklungsstandes (vor allem in den Niederlanden) inzwischen selbstverständlich ist und bald auch die anderen urbanen Zentren Europas dominieren wird. Die urbane Zivilisation – das ist das Prinzip dieser Überzeugung – bildet mit ihren unüberschau-

Due to the significance of its old building and its prominent urban development location in the energy field between the former Imperial Residence and the middle-class housing of the municipal district of Neubau, the MuseumsQuartier was from the very start destined to become the subject of a cultural debate carried on with compulsive historical and social logic. Viewed from an international perspective its intensity and ideological bitterness is hard to understand (and will soon be forgotten), yet the result will be measured solely by transregional standards and not by the aesthetic ideas of a local minority. Aesthetics is not the main criterion for contemporary urban development. With the exception of the bomb damage of the Second World War – which later produced large-scale reconstruction – Vienna has not been confronted with such a voluminous reutilisation of its inner city architecture since Imperial times. And therefore it was correspondingly unclear to the politicians and the media which criteria should be used to measure the initiative of the architects and the influential programme designers Dieter Bogner and Dietmar Steiner. Essentially, the (bitter) debates were limited to formal questions of the cityscape, yet due to the planned new functions with their mixed structures, which were completely different to traditional ways of utilising publicly owned cultural buildings, the discussion took on an existence that was largely independent of the real subject of planning. The problem consisted in the fact that the planners and designers were speaking about structures, while the public debate was on forms.

The structural foundation of all the projects by Ortner & Ortner for the MuseumsQuartier is the reaction to the city's 'energy fields' – a reaction which manifests itself superficially in certain directions of the buildings, in the inner reinterpretation, for example, of the building type used for the museum of modern art, although it goes far beyond this formal level. Behind this lies an idea of the city which Ortner & Ortner have been developing ever since their experiments in the 1960s (at that time still in the formation Haus-Rucker-Co), in the course of an international career as participants in the worldwide urbanistic debate, although for a long time they were underrated in Austria. An "amnesty for reality" and a departure from idealistic ways of thinking about urban planning provide the guideline of this awareness, which in European regions with advanced urbanisation and a high socio-economic state of development (above all in the Netherlands) has in the meantime become quite natural and will also almost inevitably become predominant in other urban centres of Europe. According to the principle behind this conviction urban civilisation, with its heterogeneous practice of culture and life, which though difficult to survey as a whole has been forced by

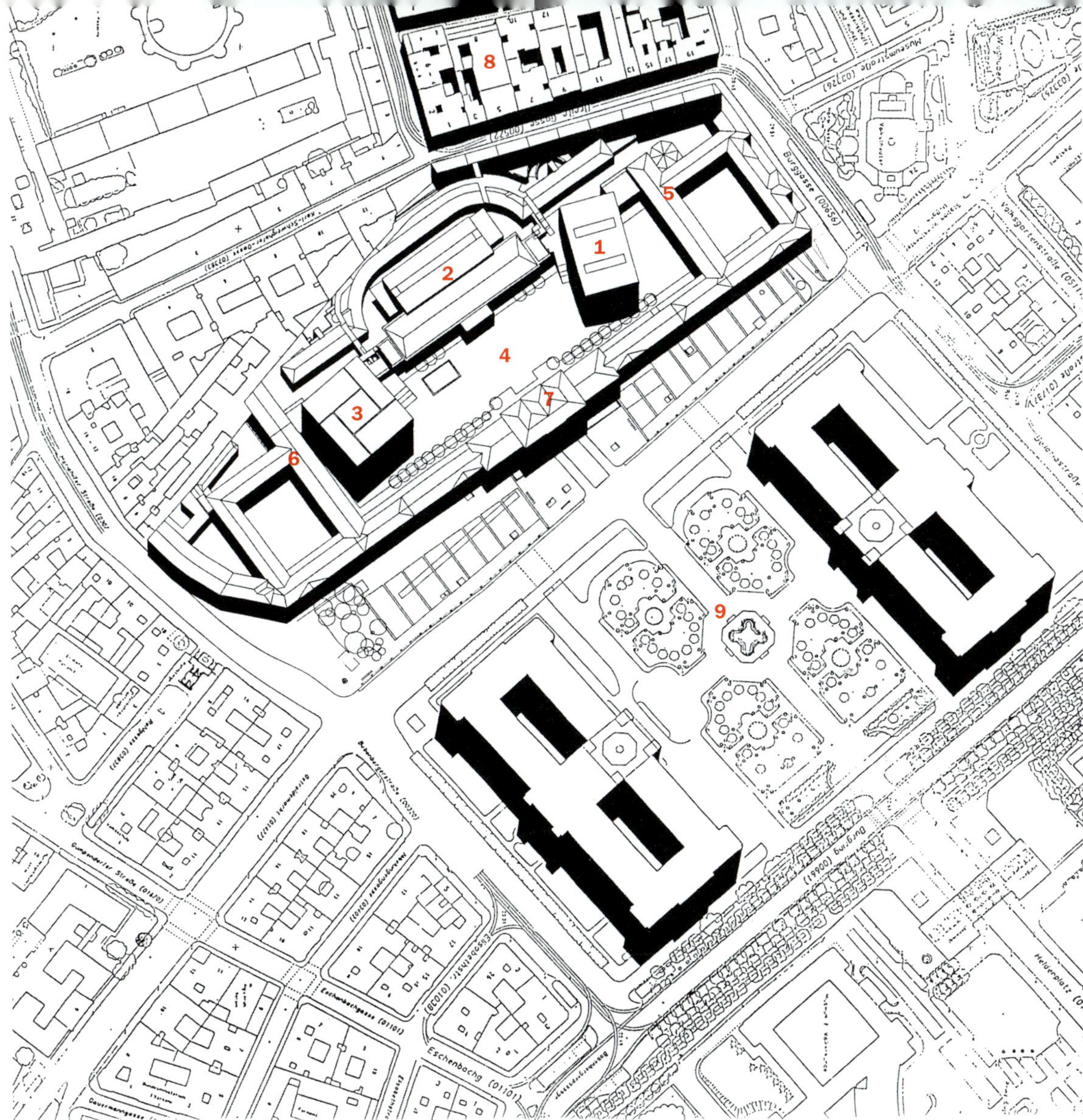

Ortner & Ortner: Die „Kraftfelder" | "Energy fields"

1 Museum moderner Kunst | museum of modern art
2 Kunst- und Veranstaltungshalle | art and event hall
3 Leopold Museum
4 Innenhof | courtyard
5 Architektur Zentrum Wien
6 Tanzquartier und | and Kindermuseum
7 Quartier 21
8 Stadtbezirk Neubau | Neubau city district
9 Maria-Theresien-Platz mit Kunst- & Naturhistorischem Museum | with Art History and Natural History Museums

baren, durch demokratische, wirtschaftliche und techno-
logische Entwicklung forcierten heterogenen Kultur- und
Lebenspraktiken ein System von Kräften, das sichtbar gemacht und infrastrukturell unterstützt werden muss, um dieser
demokratischen Vielfalt neue Räume und damit auch neue
gesellschaftlich/wirtschaftliche Produktivität zu geben.
Zugewiesene traditionelle Funktionen, womöglich sogar noch
in monokultureller Konzentration wie in den traditionellen (und
daher fast ausgestorbenen) Repräsentationszonen, haben in
dieser kleinteilig-dynamischen, liberalen Auffassung der Kultur
einer Informationsgesellschaft nichts mehr zu suchen.
Wesentlich in diesem zeitrichtigen Verständnis einer urbanen
Kultur (wobei stillschweigend die weltweite technologisch
forcierte Urbanisierung als kulturelles „Leitbild" vorausgesetzt

democratic, economic and technological development, constitutes a system of energies that have to be made visible and
infrastructually supported in order to give new space to this
democratic variety and thus also to provide new social and
economic productivity. Assigned traditional functions, in some
cases possibly even still existing in monocultural concentration, as they are to be found in the traditional (and therefore
almost extinct) zones of representation, no longer have a
place in this small-scale dynamic liberal conception of culture
in the information society.
What is therefore essential to this understanding of an urban
culture in line with the times (although the technological urbanisation that is being forced worldwide is tacitly adopted as
a cultural model) is the infrastructure, those systems which

wird) ist also die Infrastruktur, jene Systeme, die Zirkulation und Vermischung vieler verschiedenartiger Kräfte ermöglichen. Und da liegt eine traditionelle Schwachstelle im österreichischen Verständnis von Zivilisation. Denn Infrastrukturen sind in der Regel auch sichtbar, sei es die traditionelle „hardware" der Straßen und öffentlichen Versorgungsstränge – oder die bauliche Vernetzung und Überlagerung mit neuartigen Funktionen, wie es Ortner & Ortner noch radikal im ersten Wettbewerbsprojekt vorschwebte. Aber sichtbare Modernisierung, das gebietet die lokale Kultur des schönen Scheins, ist in Österreich weniger beliebt als eine getarnte, versteckte. Exakt an diesem Punkt entwickelte sich jene Diskussion, die sich in der nunmehrigen Realisierung des „größten Kulturbaus der Ersten und Zweiten Republik" abbildet. Es waren weniger die Funktionen, die Kritik hervorriefen, als vielmehr die Formen, in denen sie sich darstellten. Hier erwiesen sich Ortner & Ortner als solide und geradlinige Moderne: In keiner Phase stand zur Diskussion, etwa geplante Funktionen wie eine öffentliche Mediathek in traditionalistischem Mimikri zu entwerfen, eine Strategie, die jedoch zweifellos ihre Anhänger gefunden hätte.

Die Entscheidung der Ortners, den Weg der räumlichen Verdichtung, der Introversion zu gehen, ist angesichts dieser Lage sinnvoll. Ihre „Kraftfeldtheorie", also die Abbildung äußerer Wirkungsfaktoren in der inwendigen Organisation ihrer drei Neubauten im MuseumsQuartier, könnte sich als lesbar und, was noch wichtiger ist, als Keim einer Weiterentwicklung des Gesamtprojekts erweisen. Mitunter fühlt man sich sogar an die „datascapes" der niederländischen Architektengruppe MVRDV erinnert: In diesem Entwurfsansatz werden zuerst alle äußeren Einflussfaktoren wie Bauherrenwünsche und Rechtslage in Datenfeldern gesammelt, deren Visualisierung dann jenen Raum ergibt, innerhalb dessen eine bauliche Realisierung dieser Bedingungen überhaupt noch möglich ist. Dafür ist das Leopold Museum ein gutes Beispiel. Es ist durch und durch ein Produkt seiner Bedingungen, die allerdings von Ortner & Ortner geschickt moderiert, kompakt organisiert und so zu einem auch architektonisch befriedigenden, überraschend „klassischen" Objekt geführt haben. In seiner Position bildet sich die Bezugnahme auf die Kunst- und Naturhistorischen Museen von Semper und Hasenauer jenseits des Fischer-Traktes ab, in seinem Atriumtyp die antike Villa eines kunstsinnigen Bürgers, in den gezielten, aussichtsbewussten Durchfensterungen die Wünsche des Nutzers, in seiner Existenz (die Institution kam erst nach dem Wettbewerb in das Funktionsprogramm des Quartiers) die politischen Entscheidungen. Museologisch ist das Museum moderner Kunst zweifellos der innovativere Typ, der ein grundlegend anderes Kunstverständnis als das traditionell auratische von den

make it possible for various different energies to circulate and intermingle. And that is where a traditional weak link in the Austrian understanding of civilisation lies. For infrastructures are as a rule also visible, whether it be the traditional 'hardware' of the streets and public supply lines – or the architectural network and an overlapping of new kinds of functions, as Ortner & Ortner still had in mind in a radical way in their first competition project. And in Austria, dictated by the local culture of beautiful appearances, visible modernisation is less popular than one which is camouflaged and hidden. This was precisely the point at which that discussion developed which is now reflected in the achievement of the "greatest cultural building of the First and Second Republic". It was less the functions which attracted criticism, rather the forms in which they were presented. Here Ortner & Ortner proved to be solid and straightforwardly modern: at no stage was it a question of designing, for example, the planned functions, such as a public multimedia library, in traditionalistic imitation, although such a strategy would doubtless have found its supporters. The Ortners' decision to follow the path of spatial density and introversion is sensible in relation to the location. Their theory of energy fields, i.e. the illustration of factors which produce external effects in the inner organisation of their three new buildings in the MuseumsQuartier, could prove to be discernible and, still more significant, to be the seed for a further development of the project as a whole. Sometimes one is even reminded of the 'datascapes' of the Dutch group of architects MVRDV: in this design initiative all the external influencing factors, such as client's wishes and the legal situation, are first of all collected in data fields, and their visualisation then produces the space within which an architectural implementation of these conditions is still possible at all. The Leopold Museum is a good example of this. It is a product of its conditions through and through, although they have led to an object which, skilfully moderated by Ortner & Ortner, is compactly organised, architecturally satisfying and also surprisingly 'classical'. In its position it illustrates a reference to Semper and Hasenauer's Art History and Natural History Museums beyond the Fischer tract, in its atrium a reference to the villa of an art-loving citizen of antiquity, in its deliberately view-conscious continuous fenestration a reference to the wishes of the user, and in its very existence (the institution entered into the functional programme of the Quartier only after the competition) a reference to political decisions. Museologically, the museum of modern art is without doubt a more innovative type of building, and in order to be able to utilise the structure sensibly it demands of its users an understanding of art which is fundamentally different to the

Nutzern fordert, um diese Struktur sinnvoll bespielen zu können. Und die kompakten Batterien der Kunst- und Veranstaltungshalle entsprechen ebenfalls dem „Kraftfeld"-Bild der Planungsphilosophie: Hier ist eine komplexe Mischung verschiedenster Kunstformen auf vergleichsweise engem Raum untergebracht und zwischen die homogeneren Komplexe der beiden Museen gestellt. Schon alleine aus dem durchaus unterschiedlichen Klientel wird sich in der Infrastruktur dazwischen (Cafés, Wege, Treppen) ein vielfältiges Bild ergeben.

Die Besucher formieren die zweite Ebene der Idee von Ortner & Ortner. In dieser Programmatik exekutieren sie die Ideale der 1960er und 1970er Jahre mit ihrem Bild der demokratischen Kultur-Öffentlichkeit in technisch stimuliertem Rahmen, wie es erstmals das Pariser Centre Pompidou realisierte. Die Besucher schaffen eine Architektur, die wir in unseren Fotos leider noch nicht abbilden können, die aber ebenso wichtig ist wie die gebaute Substanz und der Kunst-Inhalt der Häuser. Terrassen mit Schirmen und Markisen, auf urbanen Streifzügen befindliche Großstädter und Besucher, Freiluftaktivitäten aller Art und natürlich die Shops und kommerziellen Aktivitäten – all das ist Teil des urbanen Lebens, das in der Funktionsmischung und der Infrastruktur, die sie umfasst, möglich werden soll und wohl auch wird. Und diese Nutzungsformen, insbesondere jene der kleineren Kulturinitiativen wie depot, public netbase und basis, legen eine physisch greifbare und auch eine virtuelle zweite Schicht über den Komplex, die von allen Formfragen befreit ist – jene Realität des Lebens eben, für die Laurids Ortner „Amnestie" fordert.

In der Ausdauer der Ortners, all diese Hoffnungen und auch die Bedingungen in ihrem Projekt abzubilden, liegt die auf den ersten Blick nicht sichtbare Kraft dieser Architektur. Gefordert ist ein immaterielles statt einem bloß mechanischen Wahrnehmungsvermögen. Erwartet wird ein „fluid environment", das sich aus dem gewerblich dominierten Stadtbezirk Neubau hinter dem MuseumsQuartier über die „dunklen Gassen" seiner rückseitigen Trakte über Treppen, Terrassen und Freiräume bis in die imperiale Sphäre des Heldenplatzes entwickelt. Und nötig ist die wesentlich entschlossenere Forcierung dieser zeitrichtigen Stadtidee der Ortners durch weitere Durchbrüche, Vernetzungen, unter- und oberirdische Verbindungen sowie das bauliche Signal alles dessen im öffentlichen Raum vor dem Quartier. Sollte das gelingen, dann sind die anderen europäischen innerstädtischen Kulturkomplexe wie der Pariser Grand Louvre und die Berliner Museumsinsel nicht nur die gegebenen Klassenpartner, sondern könnten in der Durchmischung und im Urbanisierungsgrad noch vom Wiener Beispiel sogar noch profitieren.

traditional auratic one. And the compact batteries of the art and events hall likewise correspond to the energy field image of the planning philosophy: here a complex mixture of a variety of art forms has been accommodated in a comparatively small space and placed between the more homogeneous complexes of the two museums. A varied image will be produced in the infrastructure in-between (cafés, paths, stairs) simply as a result of the thoroughly varied cleintele.

The visitors form the second level of Ortner & Ortner's concept. In this part of their agenda they put into practice the ideals of the 1960s and 1970s, with their image of a democratic cultural public in technically stimulating settings, as was first achieved with the Centre Pompidou in Paris. The visitors create an architecture which we unfortunately cannot illustrate in our photographs, yet which is just as significant as the constructed volume and the art contents of the buildings. Terraces with sunshades and awnings, city dwellers and visitors on urban strolls, outdoor activities of all kinds and of course the shops and commercial activities – all that is part of an urban life which, in the mixture of functions and in the infrastructure that it comprises, should become possible and probably actually will. And these forms of utilisation, in particular those of the smaller cultural initiatives such as depot, public netbase and basis wien, add a physically tangible yet also virtual second level to the complex, which is freed from all issues of form – precisely that reality of life for which Laurids Ortner demanded an "amnesty".

The power of the architecture lies in the Ortners' persistence in illustrating in their project all these hopes and even the conditions, even if this is not visible at first glance. What is required is an immaterial rather than a simply mechanical perceptive ability. What is expected is a 'fluid environment' that develops from the commercially dominated municipal district of Neubau behind the MuseumsQuartier, via the 'dark lanes' of its rear tracts, via stairs, terraces and open spaces into the Imperial spheres of Heldenplatz. And what is necessary is a considerably more decisive forcing of the Ortners' understanding of the urban, which is quite in line with the times, by means of further breakthroughs, networks, underground and overground connections, as well as by sending out an architectural signal of all that in the public space in front of the Quartier. Should it succeed, then other European inner city cultural complexes, such as the Grand Louvre in Paris or the Museumsinsel in Berlin, will not only find the Quartier a new partner in their league, but could even still profit from the thorough mixture and degree of urbanisation in this example in Vienna.

Vom Bild zum Netzwerk
Städtebauliche Aspekte des Wiener MuseumsQuartiers |
From Image to Network
Urban Design Aspects of Vienna's MuseumsQuartier

Von | by Erich Raith

Die unmittelbar erlebbaren baulichen und stadträumlichen
Situationen sind ein zentraler Aspekt des Wiener Museums-
Quartiers. Einem Pressetext war folgende Beschreibung zu
entnehmen: „Das MuseumsQuartier versteht sich konzeptionell als Mosaik: Seine einzelnen Teile bleiben sichtbar und
sind klar umgrenzt, zugleich bilden sie architektonisch wie
inhaltlich für den Besucher ein Ganzes." Noch stärker war das
Bild, das die Architekten nach der Wettbewerbsentscheidung
selbst zitiert haben, als sie das MuseumsQuartier als „Akropolis" bezeichneten. In städtebaulicher Hinsicht wurde damit ein
morphologisches Modell angesprochen, das sich einerseits
durch die klare Definition von eigenständigen baulichen Elementen und andererseits durch eine gleichwertig bedeutsame
Organisation von Sinnbezügen zwischen diesen Elementen
auszeichnet. Die Mosaiksteine definieren hier nicht nur ein
ganzes Bild, sie entwickeln vielmehr ein vernetztes System,
das auch über den zunächst ins Auge gefassten Bildrand hinaus greifen und zeitlich oder räumlich weiter weg stehende
Elemente mit einbeziehen kann. Genau darin liegt die konzeptionelle Stärke des Modells und auch eine Chance, die
Gesamtqualität dieses offenen Systems von der Qualität
einzelner Elemente tendenziell unabhängiger zu machen.
In der bisherigen Projektentwicklung hat sich die Robustheit
dieses Konzeptes bereits darin bewiesen, dass es die
Verkleinerungen der neuen Museen, oder sogar den Wegfall
des „Leseturms" verkraftet hat, wenn auch mit Einbußen
(zum Beispiel in Hinblick auf die Überzeugungskraft der
städtebaulichen Gesamtkomposition).

Rahmen und Solitäre
Die Gesamtsituation zeichnet sich auf den ersten Blick durch
das Wechselspiel von zwei grundsätzlich unterschiedlichen
Elementen aus: dem objekthaften Solitär und dem Rahmen.
Johann Bernhard Fischer von Erlachs Hofstallungen stellten
ursprünglich eine städtebauliche Großform dar, die als hierar-
chisierte Sequenz von rahmenden Höfen eine strenge Tren-
nung von Innen und Außen bewirkt hat. Auch Gottfried
Sempers Kaiserforum ist primär als eine rahmende Raumfassung zu verstehen, wobei aber einzelne Elemente, wie die
Hofmuseen, beginnen, sich aus dieser Rolle zu emanzipieren
und beinahe schon als Solitäre interpretiert werden können.
Der von Friedrich Tamms zu Beginn der 40er Jahre genau in
die Achse des Kaiserforums gesetzte Flakturm stellt in diesem
Kontext die denkbar radikalste Ausformung eines monolithi-
schen Solitärs dar.
Die neuen Bauten von Ortner & Ortner sind im Rahmen der
ehemaligen Hofstallungen dialogisch aufeinander bezogene
Solitäre. Sie steigen also in jenes Spiel von Mehrdeutigkeiten

Architectural and urban situations that we experience directly
form a central aspect of the Vienna MuseumsQuartier. A press
release stated the following: "The MuseumsQuartier should be
understood conceptually as a mosaic in which the individual
parts remain visible and clearly defined while at the same
time forming a single whole for the visitor in terms of both
architecture and content." The image which the architects
themselves cited after the competition decision was even
stronger: they described the MuseumsQuartier as an "acropolis". In urban terms this is a reference to a morphological
model characterised on the one hand by the clear definition
of independent built elements and on the other by the careful
organisation of sensually perceptible cross-references between
these elements. In this case the pieces of the mosaic do not
make a complete image but rather develop a network which
also extends beyond the edges of the image first captured by
the eye that can also include elements that are further re-
moved in either a temporal or spatial sense. This is precisely
where the conceptual strength of the model lies, and it also
represents a chance to gradually make the quality of this
open system as a whole more independent of the quality of
the individual elements.
In the development of the project to date the robust nature
of this concept has been proven by the fact that it has been
able to deal with the reduction in size of the two museums
or indeed with the omission of the 'reading tower' albeit with
certain losses for instance as regards the persuasive strength
of the urban composition as a whole.

Frame and Free-Standing Objects
At first glance the situation as a whole is characterised by
the interplay between two essentially different elements: the
free-standing object and the frame. Johann Bernhard Fischer
von Erlach's court stables originally represented a major urban
form with a hierarchical sequence of framed courtyards that
established a strict separation between inside and outside.
Gottfried Semper's Kaiserforum (Imperial Forum) should be
viewed primarily as a framing definition of space, whereby
individual elements such as the two court museums begin to
emancipate themselves from this role and could almost be
read as solitaires. In this context the Flakturm (anti-aircraft
defence tower) placed by Friedrich Tamms at the beginning of
the 1940s directly on the axis of the Kaiserforum represents
the most radical embodiment of a monolithic solitaire imaginable.
Ortner & Ortner's new buildings are solitaires that form refer-
erences in a dialogue to each other within the framework of
the former court stables. That is to say, they engage in that

ein, das mit den Hofmuseen angelegt wurde, und das durch
die Art, wie sie die imperiale Symmetrieachse sowohl bestätigen
als auch gleichzeitig in Frage stellen, weiter gesponnen wird.
Die auf dieser Achse sitzenden siamesischen Baukörperzwillinge
von ehemaliger Reithalle und neuer Kunsthalle sind in dieser
Hinsicht ambivalent.
Wir werden in der Sammlung Leopold Bilder sehen, die präzise
gerahmt sind und mit ihren Rahmen ihrerseits Objekte darstellen, die den Rahmen des musealen Raumes in Anspruch
nehmen. Das Museum ist seinerseits ein zur Schau gestelltes
Objekt, das in den Rahmen der ehemaligen Hofstallungen
gesetzt ist. Die Hofstallungen können wiederum als Teil des
Rahmenwerks des Kaiserforums verstanden werden, oder
noch genauer: als Teil einer noch viel raumgreifenderen
Rahmung, die mit dem offenen Glacis als Passepartout
ursprünglich die gesamte von Mauern umwehrte Innere Stadt
eingefasst hat.

Rand und Mitte.
Überwindung der städtebaulichen Hierarchien
Das ortsspezifische stadtmorphologisch-genetische Erbe stellt
also vor allem Rahmenwerke und damit Modelle der Heraus-
bildung von Mitten und weniger bedeutsamen Rändern, also
Strategien der Hierarchisierung zur Verfügung. Man kann wohl
davon ausgehen, dass zukünftig im Museum moderner Kunst
und erst recht in der Kunsthalle kaum mehr Bilderrahmen zu
sehen sein werden und dass es sinngemäß bei der städtebaulichen Konzeption eines zeitgemäßen MuseumsQuartiers auch
um das Überwinden von hierarchisierenden Umrahmungen
gehen muss. In dieser Hinsicht ist das Modell der „Akropolis",
des Clusters, und die damit zusammenhängende Strategie der
Vernetzung stimmig.
Vor allem die Strategie der Vernetzung weist das Wiener
MuseumsQuartier als urbanistisches Konzept der gerade
absolvierten Jahrhundertwende aus. Das zeigt sich vor allem
in der Aufarbeitung der Beziehungen zwischen dem Alten und
dem Neuen. Die Stadt wird heute in allen ihren Teilen, auch
den denkmalgeschützten, als Prozess gedeutet, der zwar
räumlich differenziert mit unterschiedlichen Dynamiken ablaufen mag, aber an keiner Stelle wirklich erstarrt. „La ville sur
la ville" – „Die Stadt über der Stadt bauen" war das Thema
des vierten europan-Wettbewerbes im Jahr 1996. Und dazu
ist das MuseumsQuartier gerade deshalb ein signifikanter
Beitrag, weil die hier zu überbauende Situation keine beliebige
Peripherie, sondern ein zentraler, historisch komplex aufgela-
dener und bereits mehrfach überformter Ort ist.

multivalent game which was set up using the old museums
and is further developed by the way in which they both confirm
and question the imperial axis of symmetry. Those Siamese
twins, the former Riding Hall and the new Kunsthalle, which
both sit on this axis, are ambivalent in this regard.
In the Leopold Collection we will see paintings that are precisely
framed and that represent objects with their frames, ones
which lay a claim to the framework provided by the museum
space. On the one hand the museum is a displayed object
set in the frame of the former stables but the court stables
themselves could be interpreted as a part of the framework
of the Kaiserforum or, more precisely, as part of a much wider-
reaching frame which, with the open Glacis as a mount, once
framed the entire walled inner city.

Edge and Centre
Overcoming the Urban Hierarchies
The local urban morphological and genetic inheritance princi-
pally provides frameworks and therefore models that allow the
formation of centres and less important edges, i.e. strategies
of hierarchical ordering. One can take as a starting point that,
in the future, in the museum of modern art and, particularly in
the Kunsthalle, picture frames will rarely be seen and that, in
a parallel sense, the urban design concept of a contemporary
museum district must also tackle hierarchical frameworks.
In this regard the model of the Acropolis, the cluster and the
associated strategy of networking is decisive.
It is above all this networking strategy that reveals the Vienna
MuseumsQuartier as an urban concept dating from the century
that has just drawn to a close. This is indicated primarily in the
handling of the relationships between old and new. Nowadays
the city is interpreted in all its parts, including those under
preservation orders, as a process which may take place
spatially differentiated and at different speeds but which
never at any point stands absolutely still. "La ville sur la ville",
or building in the city on top of the city was the theme of the
fourth Europan Competition in 1996. The MuseumsQuartier is
a significant contribution to this theme as the situation to be
built upon in this particular case is not any location on the
periphery but a central, historically loaded complex, a place
that has already been reshaped several times.

Alt und Neu.
Repertoire einer Beziehung

In der Projektentwicklung und in der Planung hat sich dieses Thema in der Einbeziehung des Denkmalschutz-Spezialisten Manfred Wehdorn niedergeschlagen. Im MuseumsQuartier selbst finden sich alle nur denkbaren Konfrontationen, Kollisionen, Verklammerungen und Verschmelzungen von Alt und Neu. In städtebaulicher Hinsicht ist sicher zukunftsweisend, dass die Planer das gesamte Repertoire der Gestaltung des Verhältnisses von Alt zu Neu für sich in Anspruch genommen haben: die Rekonstruktion, die Reparatur, die distanzierte Gegenüberstellung, die Harmonisierung, das Zitat, die Transformation, die Umdeutung, den Umbau bis hin zum Abbruch. Sie haben in jedem Fall Verantwortung übernommen und sich nicht hinter Tabus und Denkverboten verschanzt.

Mit der Eröffnung des MuseumsQuartiers wird für die Gestaltung des Verhältnisses zwischen Alt und Neu ein weiteres Kapitel eröffnet, denn ab sofort wird das, was gerade noch neu ist, älter. Die alten „Kraftfelder" sind verarbeitet, neue spannen sich auf. Die gerade absolvierten Schritte zur Überwindung von engen Rahmen und hierarchisierenden Symmetrieachsen, die Vernetzungen eines Netzwerks namens MuseumsQuartier mit anderen Netzwerken, zum Beispiel einem namens Wien, schaffen keinen Endzustand. Jede „Akropolis" ist latent unfertig, aber nie ein Fragment mit jenem vordergründigen Pathos der Unvollendetheit, mit dem uns das Kaiserforum bis heute die Geschichte des Sterbens einer Monarchie rezitiert.

Der von Fischer von Erlach konzipierten Großform der Hofstallungen ist in ihrer städtebaulichen Entwicklung schon längst ein merkwürdig wienerisches Schicksal widerfahren, das vor allem an der Ecke zur Mariahilfer Straße sichtbar wird. Die Sequenz historischer Darstellungen zeigt, wie die ursprünglich typologisch klare und von eigenständigen Ordnungsprinzipien geprägte Konzeption mit der Zeit verschliffen wird, wie eine von schmalen Parzellen strukturierte Straßenrandbebauung mit einer gesamtsymmetrisch durchkomponierten Palastfront verschmolzen wird – einfach so, ohne jede architektonische Dramatik. Das Wienerische dabei ist – positiv interpretiert – die Selbstverständlichkeit, mit der einmal mehr scheinbar Unvereinbares vereint wird, und – negativ interpretiert – die alle Konturen verschleiernde Schlampigkeit im Umgang mit elementaren architektonischen Prinzipien.

Verschmelzung von Großform und Stadtgeflecht

Vielleicht ist es aber auch ganz anders? Franz Matsche sah es 1981 so: „Beim kaiserlichen Marstall hat Fischer die Idee des Gebäudes als Stadt, der Palaststadt, (...) herausgearbeitet, so

Old and New
Repertoire of a Relationship

In the development of both the project and the planning this theme is reflected in the involvement of the conservation specialist Manfred Wehdorn. In the MuseumsQuartier itself we encounter every imaginable confrontation, collision, embracing and mingling of old and new. In urban design terms the fact that the planners utilised the entire design repertoire – reconstruction, repair, a distanced juxtapositioning, harmonisation, quotation, transformation, reinterpretation, conversion and demolition – in shaping the relationship between old and new is certainly forward-looking. Whatever the case they have accepted their responsibility and have not barricaded themselves behind taboos and intellectual vetoes. The opening of the MuseumsQuartier is also a further chapter in the relationship between new and old as what is now new quickly becomes old. The old "fields of energy" are processed and new ones emerge. The steps recently undertaken to overcome restricting frameworks and hierarchical axes of symmetry, the linking of the network MuseumsQuartier with other networks, for example one with the name Vienna, will not a lead to a final completed state. Each acropolis is latently incomplete, yet is never a fragment with that superficial pathos of the incomplete with which the Kaiserforum still illustrates the death of a monarchy today.

The major form of the court stables designed by Fischer von Erlach has, in terms of its urban development, undergone a remarkably Viennese fate which is visible above at the corner of Mariahilfer Strasse. The sequence of historical representations show how the original topologically clear concept characterised by independent ordering principles has been worn down in the course of time, and how a street edge development structured by narrow building lots gradually mingled with a palace facade composed entirely according to the principal of symmetry. The particularly Viennese aspect is, if viewed positively, the completely natural way with which seemingly irreconcilable elements are combined and, viewed negatively, the sloppiness that blurs all outlines in its utilisation of elementary architectural principles.

The Mingling of Large-Scale Urban Forms with the Urban Mesh

But perhaps the situation is completely different? In 1981 Franz Matsche saw it thus: "In the imperial stables building Fischer had the idea of the building as a city, the palace city, so that the buildings of different heights and widths placed beside each other as in a street elevation with buildings of different significance suggest a diverse and differentiated

Ecke zur Mariahilfer Straße:
Detail aus|detail from Fischers
„Historischer Architektur", 1721

Detail der Ansicht von|detail of the
elevation by Daniel Josef Huber, um 1770

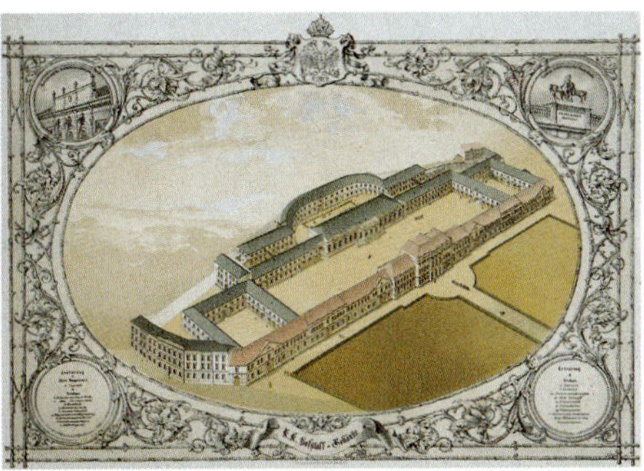

V. Katzler, Das k.k. Hofstallgebäude nach dem Umbau,
1854 (Historisches Museum der Stadt Wien)

dass verschieden hohe und breite Gebäude, die wie in einem Straßenprospekt mit Häusern von verschieden hohem Rang aneinandergereiht sind, die Vorstellung eines vielfältigen und differenzierten Gemeinwesens suggerieren, das in der Mittelachse in einem herausragenden Palast seinen Höhepunkt, seine ideelle monarchische Mitte hat. Der Vergleich eines Palastes mit einer Stadt ist ein wichtiges Kriterium, ja das höchste Lob, das die Renaissance nach dem Vorbild der Antike dem Bau eines Palastes zu spenden wusste."[1]

War also die Verschleierung des Übergangs von der Mariahilfer Straße zu den Hofstallungen gar keine Schlamperei, sondern im Gegenteil ein konsequenter Schritt konzeptioneller Präzisierung? Wie auch immer: das Thema der Verstädterung, also der Verschmelzung und Vernetzung einer autonomen Großform mit den „gewachsenen" städtischen Strukturen des Umfeldes steht schon länger im Raum und wird auch weiter entwickelt werden.

In diesem Sinn sollte die Eröffnung des MuseumsQuartiers tatsächlich als ein neuer Aufbruch zu weiteren Meilensteinen und zur weiteren Verdichtung der städtischen Komplexität verstanden werden. Alle weiterführenden Ideen werden wahrscheinlich drei Aspekte gemeinsam haben: Sie werden auf die Fortschreibung eines Entwicklungsprozesses, auf Möglichkeiten der Nachverdichtung und gleichzeitig aus der Innenhoflage des Quartiers heraus verweisen und versuchen, das Netzwerk MuseumsQuartier auszuweiten – nicht zuletzt, um wieder Impulse von außen für das Quartier verwerten zu können.

Symbole der Vernetzung

Ein schon vorbereiteter nächster Schritt des Weiterbaus könnte die Realisierung des von Anfang an konzipierten Turmes sein, wobei die Schwierigkeiten einer funktionellen Befrachtung (zum Beispiel als „Leseturm") vermieden werden sollten. Ein Turm in dieser Situation ist vor allem Medium – ein uraltes zwar und im Vergleich zu neuen Medien auch ein radikal langsames, aber eines, das im städtebaulichen Kontext immer noch unersetzbar ist. Die gestalterische Grundhaltung des MuseumsQuartiers, die von der Entwicklung des Lageplans bis zu den Materialentscheidungen semantische Programme in Szene setzt, könnte durch die Setzung eines Zeichens, das nichts anderes zu sein hat, als ein Zeichen – im eigentlichen Sinn des Wortes – hervorragend zum Ausdruck gebracht werden.

Ganz ähnlich stellt sich die Frage nach der Bebaubarkeit des Vorfeldes des MuseumsQuartiers, speziell im stadträumlich komplexesten Bereich an der Mariahilfer Straße. Seit dem Wettbewerb 1987 steht die Idee einer baulichen Neuinter-

community with a dominant palace, its ideal monarchical centre, at its high point. The comparison of a palace with a city is an important criterion and represents the highest praise which the Renaissance, following examples from antiquity, could give to the erection of a palace."[1]

Thus perhaps the obscuring of the transition from Mariahilfer Strasse to the court stables is not a case of sloppiness but, on the contrary, a consistent step of conceptual precision? Whatever the case, the theme of urbanisation, i.e. the mingling and networking of an autonomous major form with the "developed" urban structures of the surroundings has already been in existence for some time and will also continue to be developed.

In this context the opening of the MuseumsQuartier should be understood as a new start to reach further milestones and to achieve a further increase in the density of urban complexity. All ideas that lead further will most likely have three common aspects. They will indicate the continuation of the development process, the possibilities of subsequent increase in density and, from the inner courtyard of the Quartier, will point outwards and attempt to expand the MuseumsQuartier network, not least of all in order to arrive at a position to utilise external impulses for the complex.

Symbols of Networking

The next step in the further development, in fact already prepared, could be the erection of the tower which was part of the concept from the very start. The difficulties that result directly from allotting it a specific function (e.g. "reading tower") should be avoided. In this situation a tower is primarily a medium, albeit an ancient one, which is radically slow compared to new media but which remains irreplaceable in the urban context. The basic design position of the MuseumsQuartier, which employs semantic programmes from the development of the site plan to the selection of materials, could be excellently expressed by placing a sign which has no other function than that of being a sign in the literal sense of the word. The question of the development of the area in front of the MuseumsQuartier, especially in the most complex urban area at Mariahilfer Strasse, is a related issue. Since the competition in 1987 thought has been given to a new architectural interpretation of this situation. The morphological idea of the MuseumsQuartier as a cluster initially suggested the placing of a further free-standing object here which could develop an effect as a significant element of the district that stands outside the frame of the court stables. It would be directly connected not only with the MuseumsQuartier itself (for example as a further entrance) but also with the Underground system,

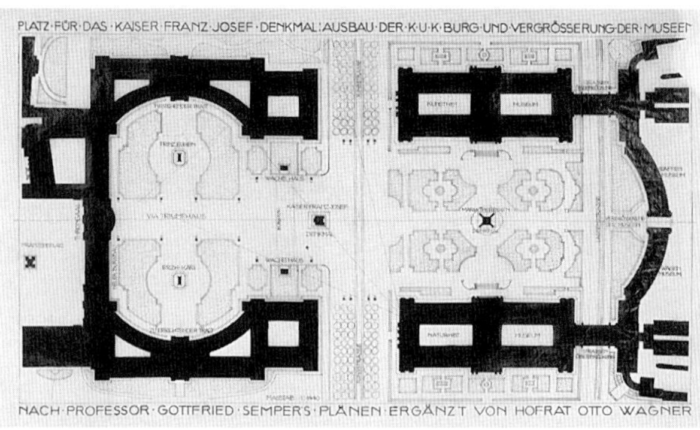

Otto Wagner, Projekt Abschluss des Maria-Theresien-Platzes, 1895 |
Otto Wagner, project for a terminating element to Maria-Theresien-Platz

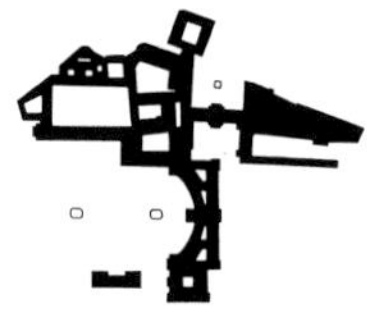

Colin Rowe: Die Hofburg als „mehrdeutiger Bau" im Gewebe der Inneren Stadt | Colin Rowe: The Hofburg (Imperial Palace) as an „ambiguous building" in the fabric of the inner city

pretation dieser Situation im Raum. Das morphologische Modell des MuseumsQuartiers als Cluster legt zunächst nahe, an dieser Stelle einen weiteren objekthaften Solitär zu setzen, der als signifikantes Element des Quartiers außerhalb des Rahmens der Hofstallungen seine Wirkung entfalten könnte. Er stünde in direkter Verbindung nicht nur mit dem MuseumsQuartier selbst (zum Beispiel als weiteres Entree), sondern auch mit der U-Bahn, mit der wichtigsten Hauptgeschäftsstraße der Stadt, mit übergeordneten Frei- und Grünraumsystemen etc. Außerdem eröffnen sich von diesem Ort aus spektakuläre Blickbeziehungen zur Inneren Stadt und auch zur Secession im Wiental, die ihrerseits als Element des Netzwerkes „Kunstplatz Karlsplatz" gesehen werden muss. Hier kündigt sich eine auch international einzigartige „Kulturmeile" an. Spannend wäre angesichts dieser kontextuellen Sondersituation auch, ob für diesen Ort als Alternative zu einem objekthaften Solitär eine Installation gefunden werden könnte, die ein Instrument zur Verstärkung der Stadtwahrnehmung, der Bewegung, der Verknüpfung, der Verdichtung mehrschichtiger Beziehungsmuster etc. darstellen könnte. Erst durch die offensive Aktivierung solcher raumgreifenden Relationen wird das MuseumsQuartier seine einzigartigen städtebaulichen Potenziale ausschöpfen.

Freiräume und Bastionen

Besondere Entwicklungspotenziale liegen im Bereich der Freiräume. Das betrifft die radialen Raumsequenzen an der imperialen Achse des Kaiserforums genau so, wie die tangentialen Raumsequenzen im Zuge des ehemaligen Glacis. Der Museumsplatz vor dem MuseumsQuartier gehört zu beiden. Er steht auf Grund seiner Dimension in einem unentschiedenen Verhältnis zum neuen Innenhof des Quartiers einerseits und zur flächenmäßig gleichwertigen Museumsstraße andererseits. Dieses Verhältnis zur Straße muss neu bewertet werden. (Im Zuge einer temporären Installation auf dem Vorplatz haben es die jungen Architekten von querkraft vorgezeigt, indem sie den Individualverkehr hier nicht als ein abzuschirmendes Übel, sondern als „vorbeifahrende Zuschauergalerie" definiert haben.)
Besonders interessant wird sein, wie die Stadtteile „hinter" dem MuseumsQuartier reagieren werden. Erste sichtbare Überformungen auf den Dächern dieser signifikanten inneren Stadtkante lassen einen kurzfristig greifenden Entwicklungsschub vermuten. Ob die angebotenen Fußverbindungen vom Quartier in den siebenten Bezirk ausreichend sein werden, um ein zunächst als bauliche Struktur definiertes „Kraftfeld" auch tatsächlich zu einem vitalen städtischen Aktivitätsraum zu machen, bleibt abzuwarten. Die Stiftskaserne und der Flakturm

with the city's most important shopping street, with a system of open and green spaces etc. In addition, from this point there are spectacular views of the inner city and also of the Secession building in the basin of the river Wien, which should be seen as an element of the network 'Kunstplatz Karlsplatz'. An internationally unique culture mile could develop here. Given this exciting contextual situation it would be interesting to determine whether, instead of a free-standing object, an installation could be found which might represent an instrument to strengthen perceptions of the city, of movement, of links and of density in a multi-layered pattern of relationships. By activating such space-creating relationships the MuseumsQuartier could fully exhaust its unique urban potential.

Open Spaces and Bastions

The open spaces offer a special potential of their own. This applies equally to both the radial sequence of spaces along the imperial axis of the Kaiserforum and to the tangential spatial sequence along the former Glacis. The Museumsplatz in front of the MuseumsQuartier belongs to both sequences. By virtue of its dimensions it is in an inconclusive relationship to the new inner courtyard on the one hand and to Museumstrasse, in terms of area equally important, on the other. The relationship to the street must be revaluated. (During a temporary installation on this forecourt the young architects from querkraft indicated a direction by virtue of the fact that they did not view private motorised traffic as a necessary evil but rather as a "gallery of spectators" in transit.)
It will be particularly interesting to see how the urban districts behind the MuseumsQuartier react. The first visible formations on the rooftops of this striking urban edge allow one to anticipate a development phase that could occur in the short term. Whether the pedestrian connections from the Quartier to the seventh district will suffice to actually make an active urban space of a "field of energy" that was defined initially as a built structure remains to be seen. The Stiftskaserne (barracks) and the Flakturm are the next bastions to be opened by creating further links. Other thoroughfares could be investigated immediately, possibly also in the direction of Mariahilfer Strasse and of Burggasse.

The city as a Collage

It will also be interesting to see how the museums and the various architectures in front of the MuseumsQuartier will react, to what extent the energies of the "fields of force" which they activate will work on them. One calls to mind that in 1898, in his project for the completion of the Kaiserforum,

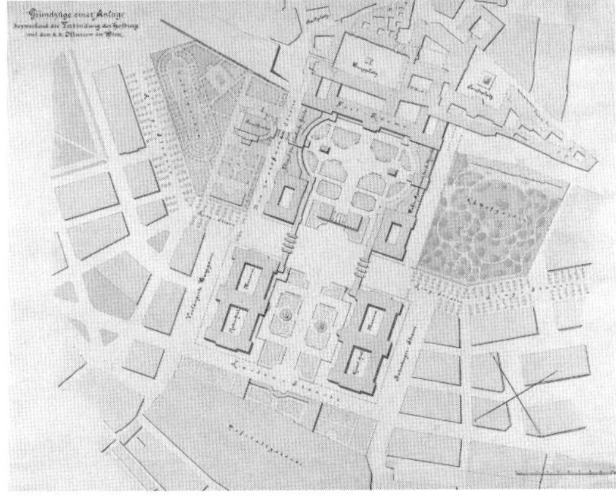

**Gottfried Semper, Kaiserforum,
Projekt | project, 1869**

wären die nächsten durch Vernetzung zu „knackenden"
Bastionen. Weitere Durchwegungen können ab sofort gesucht
werden, möglichst auch in Richtung zur Mariahilfer Straße und
in Richtung zur Burggasse.

Die Stadt als Collage

Spannend wird auch, wie die musealen Institutionen und die
Architekturen „vor" dem MuseumsQuartier reagieren werden,
wie weit die Energien der von ihnen aktivierten „Kraftfelder"
wieder auf sie zurück wirken werden. Man erinnere sich,
dass Otto Wagner 1898 in seinem Projekt zur Vollendung des
Kaiserforums nicht nur mit größter Selbstverständlichkeit den
Abbruch von Fischers Hofstallungen, sondern auch Verbin-
dungsbrücken zu den Hofmuseen vorgeschlagen hat. Und vor
allem erinnere man sich an die morphologischen Prozesse, die
schon das traditionelle Gegenüber der Hofstallungen, nämlich
die Hofburg, zu einem faszinierenden Konglomerat zusammen
gebacken haben. (Dabei konnte zum Beispiel Fischers objekt-
hafter Solitär der Hofbibliothek in sein strukturelles Gegenteil,
nämlich eine Raumfassung des Josefsplatzes, umgewandelt
werden.)
Für Colin Rowe und Fred Koetter gehört die Wiener Hofburg
zu den bemerkenswertesten Beispielen von „... mehrdeutigen
und zusammengesetzten Bauten, städtische Megastrukturen
wenn nötig, alle ganz und gar nicht ‚modern'. Doch alle akzeptieren die Umstände, verpflichten sie sich und überwinden sie.
(...) Alle sind regelmäßig-unregelmäßig und mehr als nur
etwas wild. Sie oszillieren alle (und in verschiedenen Teilen)
zwischen einer passiven und einer aktiven Haltung. Alle pas-
sen sich ruhig an und behaupten sich vehement. Alle sind
stellenweise ideal. Vor allem jedoch ist diese Gattung für eine
gegenwärtige Sensibilität leicht zugänglich und ihrem Wesen
nach beinahe jeder örtlichen Anpassung fähig."[2]
Heute schon könnten Colin Rowe und Fred Koetter diese Cha-
rakterisierung von der Hofburg ausgehend über das Museums-
Quartier ausdehnen. Und übermorgen ...?

Otto Wagner not only suggested the demolition of the court
stables as completely self-evident but also suggested connecting elements to the two museums. Above all we should re-
member the morphological processes which have shaped the
traditional counterpart to the stables, namely the Hofburg, into
a fascinating conglomerate (as part of this process for
example it was possible to transform Fisher von Erlach's solitaire, the Library building, into its structural opposite: a frame
that defines Josefsplatz).

For Colin Rowe and Fred Koetter, the Viennese Hofburg is one
of the most remarkable examples of "...multivalent, buildings
placed together, urban megastructures if one wishes, all utter-
ly and entirely not modern. Yet all accept the circumstances,
commit themselves to them and overcome them. ... All are
regularly irregular and more than somewhat wild, they all oscil-
late (and in different parts) between a passive and an active
approach, all adapt themselves quietly and assert themselves
vehemently. All are at places ideal. Above all, for our current
sensibility, this species is easily approachable and of its nature
capable of almost every kind of local adaptation."[2]
Today Colin Rowe and Fred Koetter could extend this charac-
terisation of the Hofburg to the MuseumsQuartier, but the day
after tomorrow?

1 Matsche Franz, quoted in: ARCHITECTURAL COMPETITION "TRADE
  FAIR PALACE", the site of the former court stables in Vienna, the
  text for the competition organised by the Republic of Austria
  represented by the Federal Ministries for Science and Research/
  for Construction and Technology. Vienna, 1986.
  Matsche Franz: *Die Kunst im Dienst der Staatsidee Kaiser Karls
  VI.* (Art in the Service of the Emperor Karl VI's Concept of the
  State), Berlin/New York 1981.
2 Rowe, Colin & Koetter, Fred: *Collage City*, Basel/Boston/Berlin,
  1984, p. 238 ff

1 Matsche Franz, zitiert in ARCHITEKTENWETTBEWERB „MESSE-
  PALAST", Areal der ehemaligen Hofstallungen in Wien. Auslobung
  des Wettbewerbes, veranstaltet von der Republik Österreich
  vertreten durch die Bundesministerien für Wissenschaft und
  Forschung / für Bauten und Technik. Wien, 1986.
  Matsche Franz, Die Kunst im Dienst der Staatsidee Kaiser Karls
  VI. Berlin/New York 1981.
2 Rowe Colin, Koetter Fred, Collage City. Basel/Boston/Berlin,
  1984.S. 238 ff.

Ortner & Ortner
Gegensätze und Ambivalenzen│ Contrast and Ambivalence

Mit der Pflasterung der Höfe des MuseumsQuartiers gewinnen langsam die einzelnen Baukörper an Kontur, vor allem wird der große Hof – der ehemalige Anspannplatz mit Reithalle – als der größte, geschlossene Platz Wiens in seinen vollen Dimensionen sichtbar. Mit dieser Korrektur der räumlichen Wirklichkeit durch sich selbst bekommen auch die beiden dominierenden Neubauten, das Leopold Museum und das Museum moderner Kunst ihre geplanten, also richtigen Verhältnisse im Ensemble. Man braucht nur mehr wenig Fantasie, um sich das eindrucksvolle Ergebnis vorzustellen. Das Leopold Museum bietet hier mit der weltberühmten Egon Schiele-Sammlung den Publikumsmagneten.

With the paving of the courtyards of the MuseumsQuartier, the individual buildings are gradually gaining more contour. Above all, the full dimensions of the large courtyard (formerly a harnessing court with riding hall), as the largest enclosed square in Vienna, are becoming visible. With this correction of the spatial reality by means of itself the two dominating new buildings, the Leopold Museum and the museum of modern art, are also achieving the correct proportions within the ensemble. One only requires a little imagination to see what the impressive experience is going to be like. The Leopold Museum is a major attraction with the world famous Egon Schiele collection.

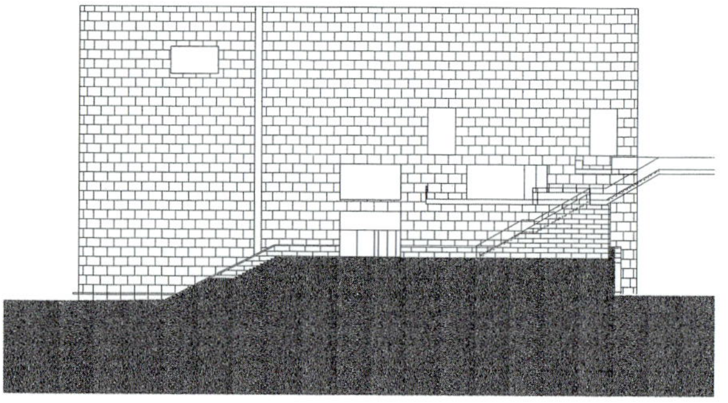

Nordwest|north-west

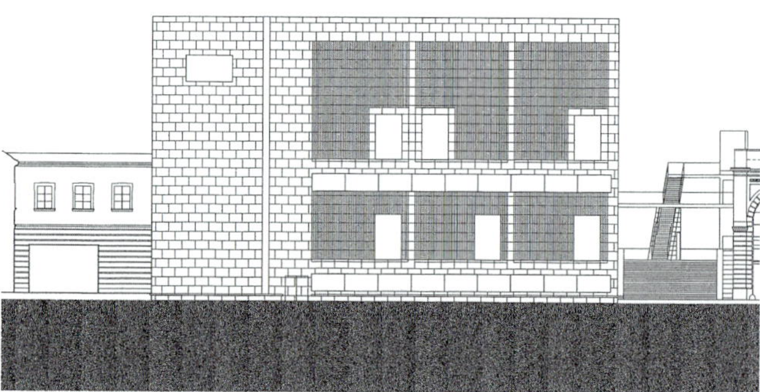

Nordost|north-east

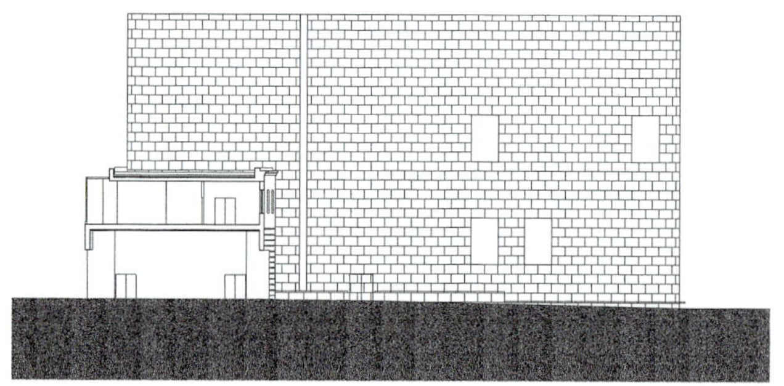

Südost|south-east

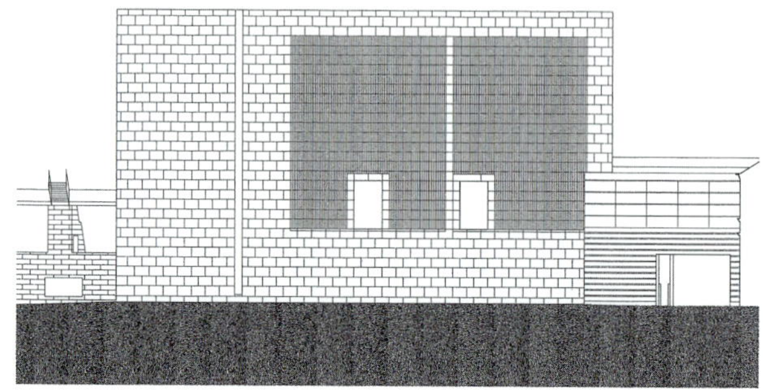

Südwest|south-west

Übergang zum Ovaltrakt; Schnitte, Liftturm |
Transition to the oval tract; sections and elevator tower

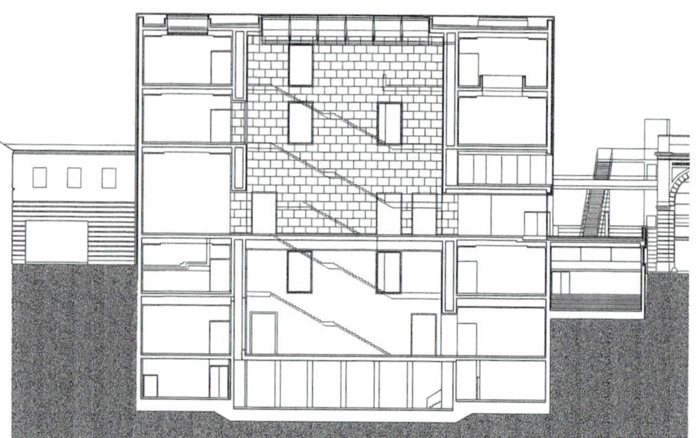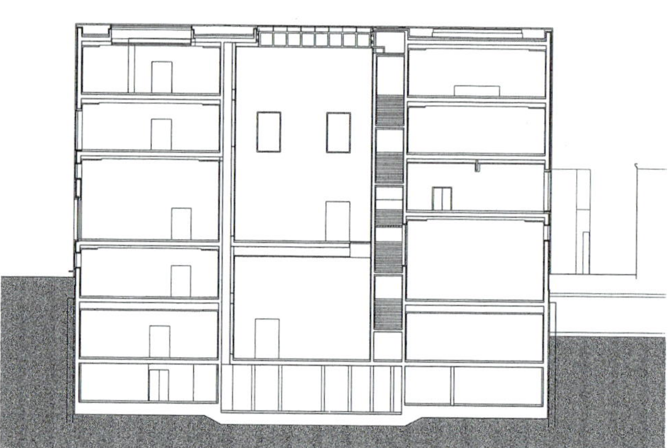

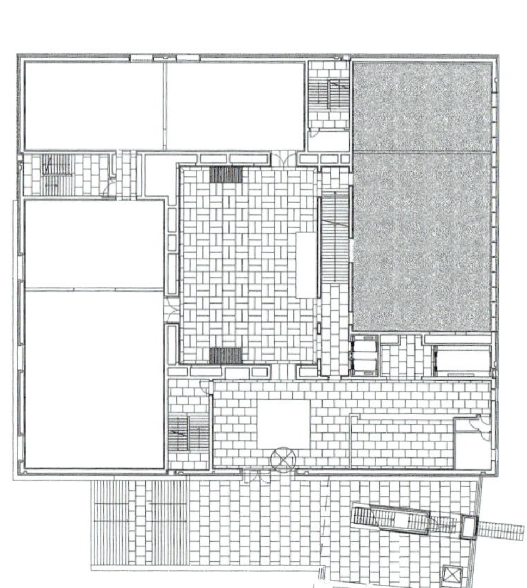
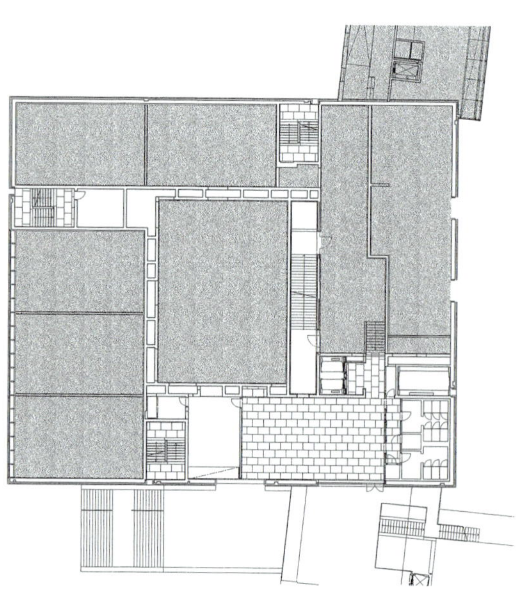

Hängeprobe mit Rudolf Leopold;
Grundrisse, Eingangs- und Zwischengeschoß, Treppe am Atrium |
Test hanging with Rudolf Leopold;
floor plans, entrance and intermediate levels, atrium stairs, atium stars

Säle mit Ober- und Seiten-, künstlichem und natürlichem Licht|
Halls with natural light from the side and above

Auditorium, Zonen für Shop und Café|
Auditorium, zones for the shop and café

Von Friedrich Achleitner Der helle, mächtige, fast schwebend wirkende, aber doch mit starker Bodenhaftung ausgebildete Kubus des Leopold Museums bindet in der Fluchtlinie an das Fragment gebliebene Kaiserforum Gottfried Sempers an (genauer an das Kunsthistorische Museum), eine städtebauliche Verneigung vor den habsburgischen Sammlungen, und stellt damit symbolisch das Leopold Museum in diese große Tradition. Nur wer den Stadtplan im Kopf hat, kann diese Positionierung lesen, denn der Bau wirkt vom Haupteingang aus etwas eingewinkelt, desgleichen das *mumok*, das jedoch in seinen Fluchten mit der Baustruktur des 7. Bezirks korrespondiert, auf das bürgerliche Wien verweisend, dem kulturellen Hintergrund der Moderne.

Dass sich im Geviert des heutigen MuseumsQuartier diese Richtungen und Zuordnungen auflösen, liegt in der städtebaulichen Haltung von Ortner & Ortner begründet, ein grundsätzliches Anerkennen von Gegebenheiten, ja ein Reagieren darauf, aber gleichzeitig ein Neutralisieren, ein Nicht-Überbewerten, weit entfernt von jedweder Ideologisierung.

Dieses Spiel mit einander aufhebenden Gewichtungen und Dominanzen, Gegensätzen und Ambivalenzen, wird auch im Museum selbst fortgesetzt, obwohl hier auch eine kreative Auseinandersetzung mit dem Bauherrn Rudolf Leopold im Spiel war. So wurden etwa die Öffnungen und Ausblicke stark von ihm beeinflusst, da der Sammler bürgerlicher Kunst soweit wie möglich „normale" Lichtverhältnisse forderte, also jenes „Lichtmilieu", in dem auch diese Kunst entstand.

Das große Volumen birgt, durch politischen und medialen Druck in den Boden gepresst, gewissermaßen zwei übereinanderliegende Museen. Das oberirdische, ausschließlich der Sammlung und Einrichtungen wie Shop und Café vorbehalten, mit dem hohen, von oben belichteten „Atrium", ist der sichtbare Teil im Ensemble des MuseumsQuartiers. Die drei Untergeschoße dienen überwiegend Wechselausstellungen, der Kommunikation (Auditorium), sowie Depotzwecken.

Der Bau hat einen, dem Quadrat angenäherten und eingeschriebenen windflügelartigen Grundriss, das heißt, die reckeckigen Säle „kreisen" um die Mitte der einmal über zwei und einmal über drei Geschoße reichenden Atrien. Diese Rotation erzeugt eine gewisse Bewegungsrichtung, die allerdings erst im ersten Untergeschoß und im zweiten und dritten Obergeschoß durchgehend als „Parcours" begangen werden

by Friedrich Achleitner The bright, powerful cube of the Leopold Museum, almost seeming to hover yet strongly earthed, adjoins to the perspective of the erected fragments of Gottfried Semper's imperial forum (or more precisely the Kunsthistorische Museum), an urban planning curtsey to the Hapsburg collections placing the Leopold Museum symbolically within this great tradition. Only those who have a plan of the city in their head can read this positioning as the building appears set at a somewhat awkward angle from the main entrance; the museum of modern art likewise, but its alignment corresponds with the building structure of the 7th district, pointing to bourgeois Vienna, the cultural background of modernism.

The fact that these orientations and classifications dissolve in the square of the MuseumsQuartier is due to the urban planning attitude of Ortner & Ortner, a basic recognition of existing conditions, and moreover a reaction to them but at the same time a neutralisation, a non-overestimation, far from every attempt at expounding an ideology.

This play with weightings and dominating factors, contrasts and ambivalence balancing each other out is carried on in the museum itself although a creative interaction with the client Rudolf Leopold was also at work here. The openings and views were strongly influenced by him for instance, as the collector of bourgeois art demanded 'normal' light conditions as far as possible, that is to say the 'light ambience' in which this art was also created.

The large volume contains to a certain extent two museums, one on top of the other, pushed through the floor by political and medial pressure. Above ground is the visible part of the ensemble in the MuseumsQuartier, reserved only for the collection, the shop and café with the high 'artrium' lit from above. The three basement floors serve mainly for the purposes of changing exhibitions, communication (auditorium) and storage. The building has a near square and inscribed windmill-like floor plan, meaning that the oblong halls 'encircle' the atriums, one of which reaches over two storeys and the other three. This rotation creates a certain direction of movement which can however only be continuously walked as a preordained course on the first basement floor and on the second and third upper floors. The succinct arrangement of space in two alternating and partitionable sizes of hall is based on a

kann. Die lapidare Raumanordnung aus zwei einander abwechselnden und unterteilbaren Saalgrößen sind aus einer Raumeinheit mit rund 8,40 x 13,20 m aufgebaut. Die Verdoppelung dieser „Zelle" erfolgt an den Schmalseiten, die Verdreifachung an den Längsseiten, so dass Säle mit annähernd gleicher Länge (26,40 und 25,20 m) aber sehr unterschiedlichen Tiefen (8,40 und 13,20 m) entstehen.

Der Besucher, der zunächst auf der Eingangsebene das große Atrium betritt, kann sich entweder der hinter der rechten Wand geführten, einarmigen Treppe zuwenden oder gleich den ersten großen Saal zur Linken, den Klimtsaal betreten. Beim Antritt der Haupttreppe blickt man in einen weiteren großen Saal, der allerdings aus der Tiefe heraufragt und dem Bereich der Wechselausstellungen im Untergeschoß zugehört.

Durch diese Höhenversetzung entsteht ein Zwischengeschoß, in dem sich der Museumsshop befindet, von dem man, etwas höhenversetzt, zum Café mit Terrasse (über der Eingangshalle) gelangt. Die funktionale „Irritation" der räumlichen Ordnung gleich im Eingangsbereich ist vermutlich kein konzeptionelles Prinzip, sondern ein gelassenes Reagieren auf einen schlichten Bedarf, das allerdings zu einem Instrument der wacheren Raumwahrnehmung des ganzen Museums benutzt wird.

Schon im nächsten Geschoß stellt sich klärend die geschlossene, prototypische Raumsequenz ein.

Die Verhältnisse des Ortes, das Korsett der städtebaulichen Großform der Hofstallungen, erlaubten nur einen kompakten mehrgeschoßigen Museumsbau, der für eine gewachsene Sammlung und fast ausschließlich für Bilder bestimmt ist.

Da darüber hinaus der Augenarzt Rudolf Leopold ein Optimum an Tageslicht forderte, war von Vornherein eine Situation gegeben, die nur „Mischformen" erlaubte, also ein klassisches Verhältnis von Bauherren, Aufgabe und Architekten, das Ortner & Ortner immer schon zu besonderen Leistungen ansporente.

So unterscheidet sich das Museum grundlegend von den Manifesten und orthodoxen Schöpfungen der heutigen Museumslandschaft, ob es sich nun um klinisch, wie Präparate ausgeleuchtete Bildflächen (Bern) oder um die auratische, fast körperhaft spürbare Verwandlung des Tageslichts (Bregenz) handelt, um optimale Tageslichtsäle (Klosterneuburg) oder um mehr der Inszenierung der Architektur dienende Lichteffekte (Bilbao und viele andere) oder eben um radikale Dosierungen von Tageslicht (Stockholm, Basel etc.). Die Tiefe des Baukörpers und seine Mehrgeschoßigkeit erlauben nur den Längsseiten der Säle den punktuellen Zutritt von Tageslicht (Seitenlicht für die Schmalseiten) und nur einem Sechstel der Ausstellungsfläche Oberlicht. So erzeugen die wenigen, sehr bewusst gesetzten großen Fenster eine Art von Zufälligkeit „bürgerlicher Wohnsituationen" mit unterschiedlichen

spatial unit of 8.40m x 13.2m. The doubling of these 'cells' is done along the widths, the tripling along the lengths so that spaces of almost the same length (26.4m and 25.2m) but very different widths (8.4m and 13.2m) are created.

The visitor entering the large atrium on the entrance level can either turn to the single staircase behind the right-hand wall or go into the first large hall on the left, the Klimt hall. Mounting the main staircase another large hall can be seen jutting out of the depths belonging to the area for changing exhibitions.

This shifting of levels creates a mezzanine level with the museum shop, from which the café can be reached on a higher level with its terrace above the entrance hall. The functional 'irritation' of the arrangement of space already present in the entrance area is presumably not a conceptual principle but rather a casual reaction to a simple requirement which is used as an instrument for the conscious perception of space in the whole museum. Immediately on the next floor the clarifying, closed, prototypical spatial sequence is introduced, in its simple arrangement as well as in its deviation from the basic configuration repeated on each storey.

The conditions of the site, the corset of the major urban form of the imperial stables only allowed for a compact, multi-storey museum building designed for a mature collection and almost exclusively for pictures. Moreover, because the eye doctor Rudolf Leopold demanded an optimum of daylight, a situation existed from the outset which allowed only for 'hybrids', a classic relationship between client, task and architect which has always spurred Ortner & Ortner on to special achievements. In this way the museum differs essentially from the manifestos and orthodox creations of the present museum landscape, whether concerning pictures clinically illuminated like medical exhibits (Bern), or the auratic, almost physically tangible transformation of daylight (Bregenz), or optimal daylight-lit spaces (Klosterneuburg), or light effects which serve more to show off the architecture (Bilbao and many others), or even radical dosages of daylight (Stockholm, Basle, etc.). The depth of the building structure and its multi-storey character allow only for the sporadic entry of light along the lengths of the halls (side light for the widths) and skylight for one sixth of the exhibition space. Thus the few, very consciously placed large windows create a sense of coincidence with 'bourgeois living conditions' facing in different directions and with different views which also correspond to the paintings painted for a certain sector of society.

The Ortners would not be the Ortners if they had not made a virtue out of the particular conditions of the building site and the collection. So the compact groups of spaces revolving in themselves on each floor do not exactly promote orientation.

Himmelsrichtungen und Ausblicken, die ja auch den für eine bestimmte Gesellschaft gemalten Bildern entsprechen.

Die Ortners wären nicht die Ortners, wenn sie aus den besonderen Bedingungen des Bauplatzes und der Sammlung nicht eine Tugend gemacht hätten. So sind die kompakten, in sich kreisenden Raumgruppen der Geschoße der Orientierung nicht gerade förderlich. Fixpunkte bilden einmal die an der Längsseite des Atriums liegende, einarmige Haupttreppe und die großformatigen Fenster, die sehr unterschiedliche und auch merkbare Ausblicke auf das MuseumsQuartier und die Stadt freigeben. Das oberste Geschoß hat selbstverständlich reines Oberlicht, lediglich zwei Fenster lassen einen Blick in Richtung Hofmuseen und mumok zu. Das zweite Obergeschoß ist durch galerieartige Öffnungen in der Decke mit dem obersten Geschoß verbunden, so dass neben den Ausblicken sich die Höhenlage von selbst definiert. Das Eingangsgeschoß ist durch viele andere funktionale Merkmale ohnehin bestimmt. Das erste Untergeschoß hat an den Außenwänden hochliegende Fensterbänder und ragt mit einem Saal ins Erdgeschoß. Lediglich das zweite Untergeschoß ist ausschließlich künstlich belichtet und damit ebenso eindeutig bestimmt.

Analog dem Konzept von Bewegung und Ruhe, Dialog und Selbstbezogenheit sind auch die Fassaden zu „lesen". Einmal wiederholen sie die innere Raumfiguration als graphisches Relief und betonen durch lange, schmale, vertikale Fensterschlitze die Lage der Säle. Diese Lichtschlitze liegen innen in den Treppenhäusern und sind im räumlichen Zusammenhang nicht wahrnehmbar. Die Längswände der Säle zeigen eine zarte Flächenkannelierung, die ein konstantes griechisches Licht bräuchte. Die danebenliegenden Schmalseiten sind glatt und haben nur die Plattenstruktur. Diese minimalistische Behandlung der Fassaden wird erst nach der Pflasterung des Hofes (Platzes) ganz zur Wirkung kommen.

Das Leopold Museum ist, wie das ganze MuseumsQuartier, eine respektable und auf Langzeitwirkung angelegte kulturelle Leistung der Zweiten Republik, aber auch ein „Psychogramm" ihrer Gesellschaft und Politik, ihrer Mehrgesichtigkeit und Angst vor der eigenen Courage. Es gibt viele Gründe zu feiern, aber auch vertane Chancen zu betrauern. So vor allem das Fehlen des Zeichens zur Stadt hin, das ein sichtbares Bekenntnis zur Gegenwart wäre. Während die Silhouette über dem Museumsquartier in Bewegung gerät, müssen sich die beiden Hauptbauten hinter den Dächern der barocken Stallungen verstecken. Trotzdem haben die Architekten ein modernes Quartier geschaffen, ein eindrucksvolles Ensemble. Und am großen Platz kann bald für die Zukunft der Wiener Kultur angespannt werden.

Fixed points are provided by the single main staircase running along the length of the atrium and the large windows which open onto extremely various and also notable views of the MuseumsQuartier and the city. The top floor naturally has skylight from above, only two windows permit a view in the direction of the imperial museums and the museum of modern art. The second upper floor is connected to the storey above by gallery-like openings in the ceiling so that the height of the level defines itself along the side views. The entrance level is defined by many other functional features anyway. The first basement floor has bands of fenestration high up on the outer walls and one hall juts into the ground floor. Only the second basement floor is lit with artificial light and clearly defined in this.

The facades can also be 'read' as analogous to the concept of movement and stillness, dialogue and self-referentiality. They repeat the internal configuration of space as a graphic relief and emphasise the position of the halls with long, narrow, vertical window slits. Inside these light slits are in the stairwells and are not perceptible in the spatial coherency. The long side walls of the halls exhibit a delicate surface channelling, which would need a constant Greek light. The side walls along the width are smooth and only have a panelled structure. This minimalist treatment of the facades will have its full effect only when the courtyard has been paved.

The Leopold Museum, just as the whole of the MuseumsQuartier, is a respectable and long term cultural achievement of the Second Republic but also a 'psychogramme' of its society and politics, its duplicity and fear of its own courage. There are many reasons for celebration, but also missed opportunities to bewail. For instance the lack of a sign directed towards the city, which would be a visible declaration of belief in the present. Whilst the silhouette over the MuseumsQuartier has stirred into motion, both of the main buildings have to hide themselves behind the baroque roofs of the stables. Nevertheless the architects have created a modern quarter, an impressive ensemble whose qualities are slowly becoming evident on the site. Soon the future of Viennese culture can be harnessed on the square.

Ortner & Ortner
**Produktive Kollisionen|
Produktive Collisions**

Was war, was ist und was wird in Zukunft ein Museum moderner Kunst, die Kunst insgesamt sein? Die Frage nach Identität und Struktur eines der wichtigsten kulturellen Bausymbole der Informationsgesellschaft – dem Sphärenscheider zwischen Banalität und quasi-sakralem Sonderstatus bestimmter Produkte – beantworten Ortner & Ortner mit ihrem Bild eines „intelligenten Speichers". Diese Grundsatzentscheidung zugunsten einer warenartigen Interpretation des heutigen Status von Kunst ist vielleicht nur die Reproduktion einer gesellschaftlichen Realität. Jedenfalls bringt sie die Chance, durch das Stapeln und Rangieren potenziell „auratischer" Objekte dichte Konstellationen zu erreichen, die – so die Absicht – Energie ausstrahlen. Die Hoffnung der Architekten, nach den vielen Programmänderungen und Größenreduktionen des Unternehmens auf diese Weise metaphorisch und immateriell Aussagen über die Kunst zu treffen, fügt der mittlerweile über siebzigjährigen Geschichte der Museen moderner Kunst ein neues Bild hinzu.

What was, what is and what will a museum of modern art, or art altogether, be in the future? The issue of the identity and the structure of one of the most important cultural building symbols of the information society – the cutter of spheres between banality and the almost sacral special status of certain products – is answered by Ortner & Ortner with their image of an 'intelligent depot'. This principal decision in favour of a commodity-like interpretation of art's present status is perhaps only a reproduction of a social reality. In any event, it brings the chance to reach dense constellations through the layering and ranking of potential 'aura-emitting' objects, which (are intended to) radiate energy. The architects' hope, after the many changes to the agenda and reductions in size of the undertaking, to make metaphorical and immaterial statements about art adds a new image to the Museum of Modern Art's more than seventy years of history.

Treppen zum Ovaltrakt mit Terrassencafé; Brüstung am „Graben" des mumok |
Stairs to the oval tract with outdoor cafè; parapet on the 'moat' of the museum of modern art

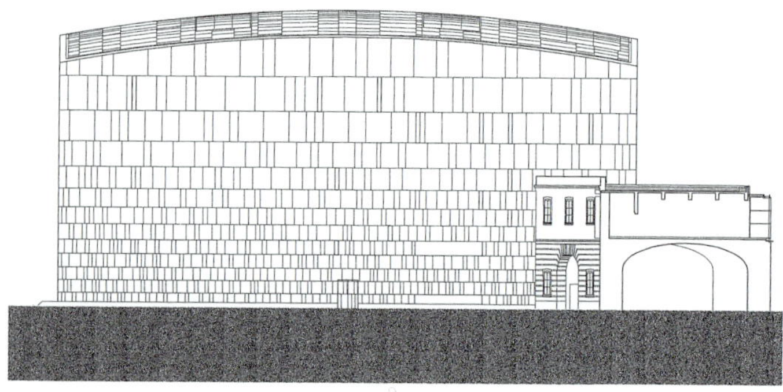

Nord | north

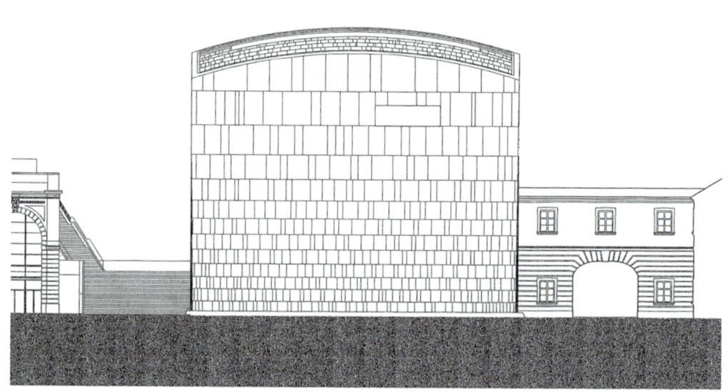

Ost | east

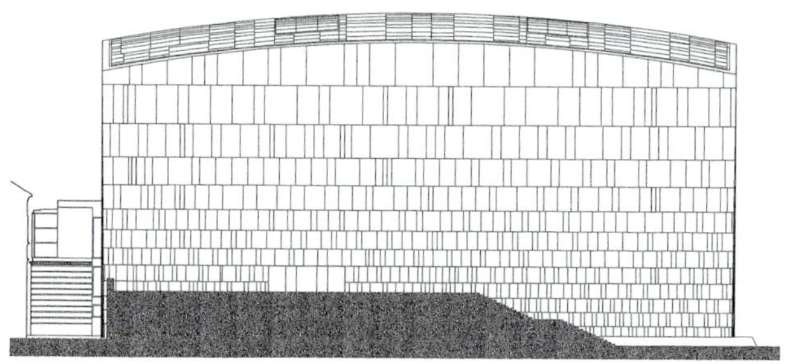

Süd | south

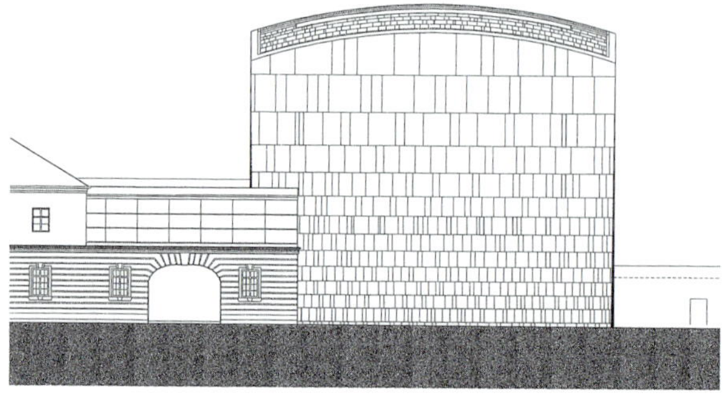

West | west

Basaltfassaden und mehrgeschoßige Eingangshalle |
Basalt facade and full-height entrance hall

Stählerne Brücken verbinden die beiden von der Halle getrennten Trakte; Stahlbekleidung des Treppenhauses |
Steel bridges connecting the two tracts separated by the hall; steel walls in staircase

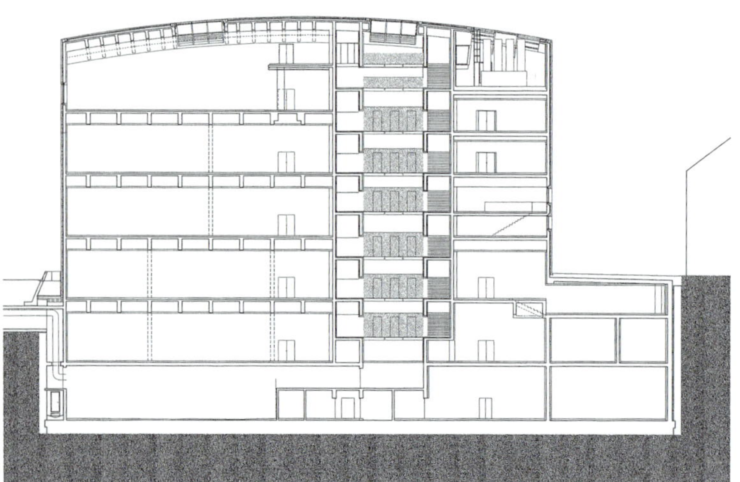 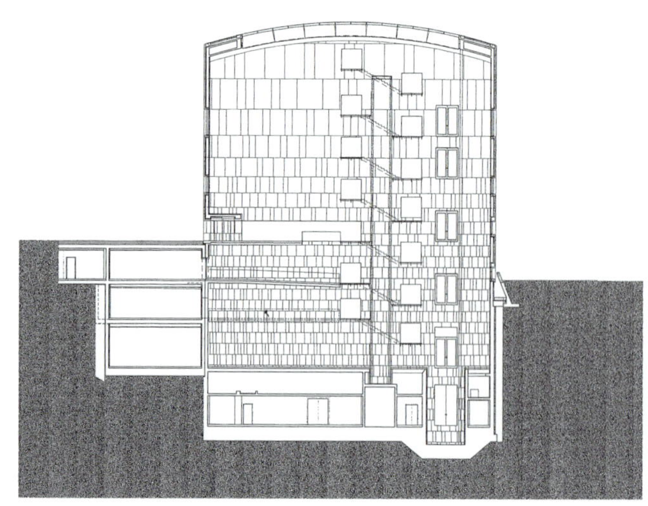

Modellsituation mit „Raumregalen" und realisierte Säle (re.)|
Model situation with generic spaces and realised halls

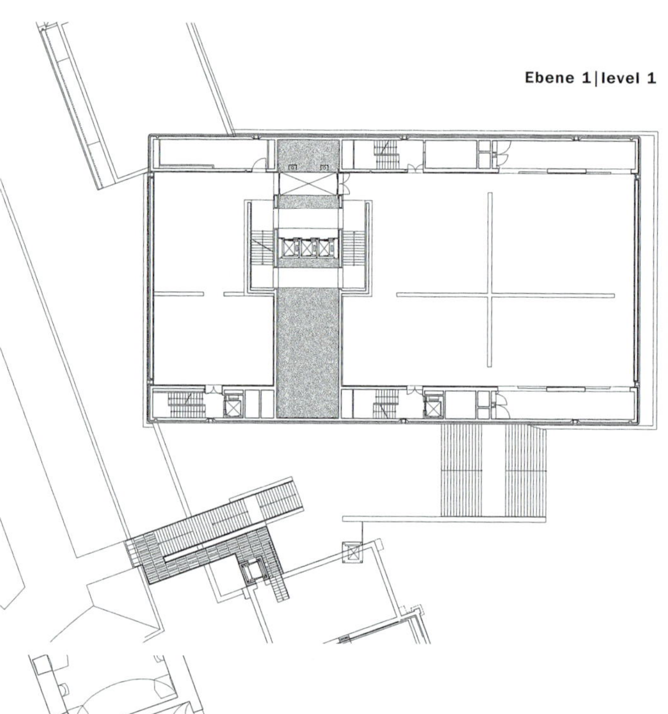

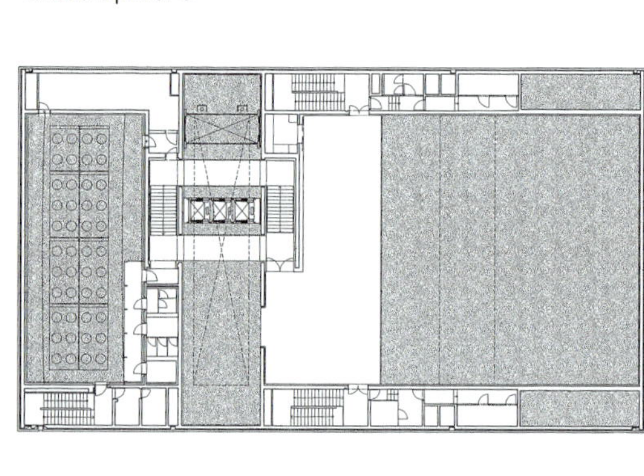

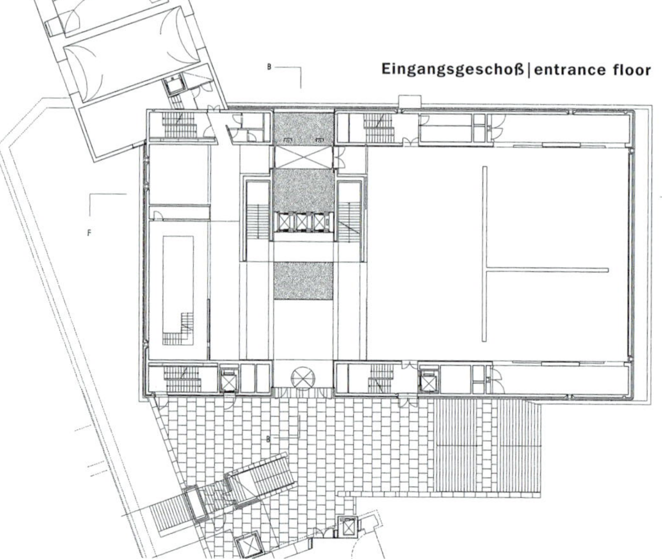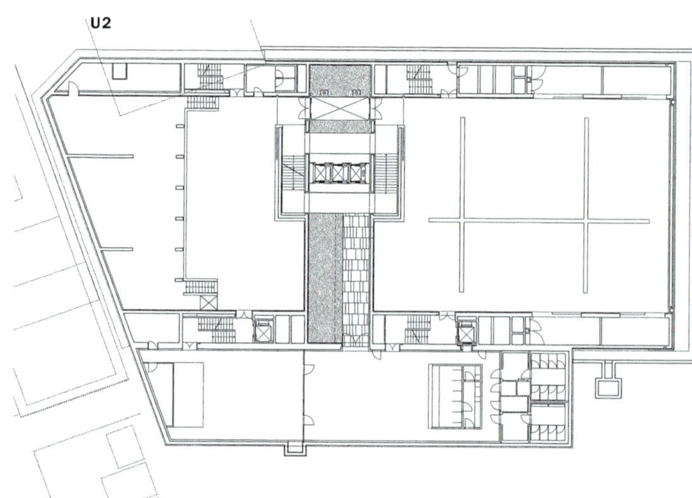

Großer Saal mit Stadtblick, Oberlicht und Preview-Empore|
Main hall with city panorama, skylight and gallery

Großer Saal, Café und Bookshop-Bereiche|
Main hall, café and bookshop zone

Von Matthias Boeckl Durch alle Wettbewerbsstufen und Projektbearbeitungen des MuseumsQuartiers hat sich der Grundsatz der Ortners gehalten, Kunst nicht als weihevolles Zeremoniell zu interpretieren, sondern als eine Aktivität, die aus zeitgenössischen urbanen und technologischen Bedingungen schöpft. Diese Position haben die Architekten im Laboratorium der Wiener 1960er Jahre erworben, als mehrere inzwischen legendäre Gruppen junger Architekten mit den Mitteln avancierter Bau- und Raumfahrttechniken begannen, flexible und spontan entstehende künstliche Umwelten zu produzieren. Und es wäre spannend gewesen, nach Jahren sehr bewusster und deklarierter Interpretationen der zeitgenössischen Kultur in Bauten und Projekten des Brüderpaares, deren Ideen mit der Museologie moderner und zeitgenössischer Kunst zu konfrontieren. Dieser Dialog hätte produktiv sein können, wenn er direkt und kontinuierlich geführt worden wäre. Zwischen der Museumsleitung (bis 1990 Dieter Ronte, 1990 bis 2001 Lorand Hegyi) und den Architekten standen zwar die Errichtergesellschaft als Bauherr des Museums-Quartiers und als zusätzlicher Filter die Wünsche der Investoren, also der österreichischen Bundesregierung. Aber erst das Fehlen einer Persönlichkeit wie Rudolf Leopold ließ hier eine „Struktur" wirksam werden, in der sich die Verantwortlichkeiten verlieren. Es ist nachvollziehbar, dass die Architekten sich in diesem Interessengeflecht stärker auf die Erhaltung ihrer Grundidee über die Verflechtung zeitgenössischer Kultur mit urbanistischen Fragen konzentrierten als auf Detailfragen der museologischen Nutzung.

Wer glaubt, dass die äußere Gestalt des Museums als Basaltkubus mit schmalen Festerschlitzen und gewölbtem Dach als hieratisch abweisende Pathosgeste intendiert ist, der irrt. Die Form entstand aus der geforderten extremen Verdichtung und Absenkung des Volumens in seinem historischen Ambiente, die Ausrichtung als Reaktion auf den frühmodern-gewerblichen Stadtbezirk Neubau hinter der Anlage. Dazu kommt die Architekten-Vorstellung, dass moderne Kunst am besten in einem hierarchiefreien, den industriellen Bedingungen ihrer Entstehungszeit entsprechenden Ambiente gezeigt und bearbeitet werden sollte. Eine Hierarchie, die sich in Bauten mit forcierter vertikaler Organisation jedoch unvermeidlich einstellt, ist jene der Höhenlage des jeweiligen Sammlungsobjekts. Eine weitgehende Übereinstimmung des museologischen Nutzerkonzepts mit den Architektenideen ergab sich daher rasch in der Vorstellung, dass diese Höhenachse als Chronologie genutzt und daher unter dem Bodenniveau die „klassische" Moderne sowie auf der höchsten Ebene, nur wenig über den Dächern der alten Hofstallungen, Zeitgenössisches gezeigt wird. Die Assoziationen eines Bergwerks mit zentralem Förderschacht

by Matthias Boeckl The Ortners' basic principle was constant throughout the stages of the competition and project development for the MuseumsQuartier, not to interpret art as a solemn ceremonial but rather as an activity drawing from contemporary urban and technological conditions. This position was adopted by the architects in the laboratory of the Viennese 1960s, when several groups of young architects, of legendary status nowadays, began to produce flexible and spontaneously created artificial environments using advanced building and space technology. After years of very conscious and declared interpretation of contemporary culture in the buildings and projects of this pair of brothers it would have been exciting to confront their ideas with the museology of modern and contemporary art. This dialogue could have been productive if it had been conducted directly and continuously. However, as the commissioner of the MuseumsQuartier and an additional filter for the wishes of the investors, namely the federal government, the MQ Errichtergesellschaft (building association) stood between the museum directors (until 1990 Dieter Ronte, 1990-2001 Lorand Hegyi) and the architects. But it was the lack of a personality like Rudolf Leopold that let a 'structure' in which responsibilities are lost take effect here. It is understandable that the architects concentrated more strongly on maintaining their basic idea on the combination of contemporary culture with urban issues rather than detailed questions on museum usage.

Anyone who thinks that the exterior form of the museum as a basalt cube with narrow window slits and curved roof is intended to be a hieratic rejecting gesture of pathos is mistaken. The form arose from the need to condense and sink the volume in its historic ambience, the orientation as a reaction to the early contemporary cottage industry district of Neubau behind the site. In addition to this is the architects' idea that modern art should best be shown and treated in an ambience free from hierarchy and corresponding to the industrial circumstances of the time of its creation. A hierarchy, unavoidable in buildings with forced vertical articulation, is based on the level height of the respective object in the collection. Generally in accord with concepts of museal usage, the architects' ideas moved quickly onto the concept that these axes of height could be used as chronology and so the 'classical modern' will be exhibited underground just as the highest level, a little over the roof of the old imperial stable, will house contemporary art. Associations with a mine with a central conveyance shaft and the hardened lava of the basalt stone as the outer metaphor add another image in this concept of organisation in the history of the Museum of Modern Art so far.

One enters the museum on the raised level of a terrace that is

Angela Hareiter: Café im mumok|café in the museum of modern art

und der erstarrten Lava des Basaltgesteins als äußere Metapher ergänzen dieses Organisationskonzept um ein neues Bild in der bisherigen Geschichte der Museen moderner Kunst.

Man betritt das Museum auf dem erhöhten Niveau einer Terrasse, die man über einen breiten Treppenlauf erreicht. Dort steigt man durch eine niedrige Öffnung der Basaltkruste des Felsmassivs in den Schacht ein, der das gesamte Gebäude der Höhe und der Breite nach durchschneidet. Von einer Brüstung aus blickt man zwei Ebenen in die Tiefen des Bergwerks und drei Ebenen nach oben zur verglasten Decke dieses beeindruckenden Canyons. Unschwer erkennt man, dass dieser spektakuläre Raum der vertikalen und horizontalen Erschließung der Raum-Regale im musealen Speicher dient. Aber er verhindert auch eine in einheitlichem Raumcharakter gehaltene Bewegung durch das Gebäude auf einer Ebene. Wechselt man von einer Sphäre in die andere (die rechte, östliche ist ungefähr doppelt so voluminös wie die linke, „hintere"), so passiert man den von Personen- und Lastenaufzügen durchmessenen Schacht auf Stahl- und Glas-Stegen. In den Ausstellungssälen mit grauem Terrazzoboden wurde auf Tageslicht weitgehend verzichtet, allerdings nicht mit letzter Konsequenz: Die Lichtschlitze an den Stirnseiten der großen Säle, die sich im vorderen Gebäudeteil als immer gleiche Raumfigur auf mehreren Ebenen stapeln, bringen an kritischen Ecklagen kleine Quanten Tageslicht herein. Das hilft der Orientierung, steht aber in einem gewissen Kontrast zum Bergwerks- und Industriebild als Hintergrund der Moderne und wird von den Nutzern auch als Hänge-Hindernis empfunden. Dieses Problem potenziert sich im obersten Geschoß, wo ein spektakulärer Saal mit hinten eingestellter Empore für ein Buffet, mit quer über die gewölbte Decke geschnittenem Tageslichtband und vor allem mit einer großen, querformatigen Fensteröffnung ein räumlich interessantes, für Kunst-Nutzung jedoch schwieriges Ambiente schafft. Denn der gerahmte Blick auf das Kaiserforum ist seinerseits ein ziemlich kräftiges „Bild", dessen Nachbar an der Wand sich nur schwer behaupten wird können. In den Untergeschoßen kam es zu Umwidmungen von Depot- zu Ausstellungsräumen. Die kleineren Säle im hinteren Trakt des Hauses sind gering dimensioniert, in dieser Sphäre befinden sich auch Sonderfunktionen wie ein Bookshop mit umlaufender Galerie und ein Split-Level-Raum für museumsdidaktische Zwecke. Die Verwaltungsbüros sind

reached via a wide staircase. Here one passes into the basalt crust of the massive rock through a low opening leading to the shaft cutting through the entire building with its height and width. From a parapet one can see two levels down into the mine and three levels up to the glazed roof of this impressive canyon. It is not difficult to recognise that this spectacular space serves as the vertical and horizontal circulation of the room-shelves in the museal depot. However, it also hinders the flow of uniform spatial character through the building on one level. Changing from one sphere to the other (the right, eastern one is about twice as voluminous as the left, 'rear' one), one passes the shaft threaded with passenger and goods lifts on steel and glass walkways. The exhibition halls with grey terrazzo floors to a great extent without daylight, but not entirely as the light slits on the end walls of the large halls, which pile up in the front part of the building as a repetitive spatial figure on several layers, let small quantities of natural light into critical corners. This is an aid to orientation but stands in a definite contrast to the mine and industrial image as a background to modernism and will be experienced as a hindrance to hanging by the users. This problem multiplies on the top floor where a spectacular hall with a gallery for a buffet at the back, a band of daylight cut across the vaulted ceiling and moreover a large, horizontal window opening creates an interesting ambience which presents difficulties in use for art however. For one thing the framed view over the imperial forum is itself quite a strong 'picture' whose neighbour on the wall will find it difficult to compete with. On the lower floors there was a reallocation of storage space as exhibition space. The small rooms in the rear part of the building are modestly proportioned. In this area special functions are to be found, such as the bookshop with a continuous gallery and a split level room for museal didactic purposes. The administrative offices are in the neighbouring tract in the original substance, which is 'docked' onto the building by a telling detail. A museum has to be judged as an 'image' *sui generis* as well as a functional formation – an ideally largely plausible combination. Both have their tradition, and both criteria are subject to continual change – which relativises every appraisal of a contemporary building from the outset. Functionally it is about a compromise variant here which arose as the smallest common denominator from efforts to unite the disparate locations of the state modern art museum and to 'put it up' at this site

im benachbarten Bestandstrakt untergebracht, der rückseitig an das Haus in einem sprechenden Detail „andockt".

Ein Museum muss sowohl als „Bild" sui generis als auch als funktionales Gebilde beurteilt werden – was sich jedoch im Idealfall weitgehend deckt. Beides hat seine Traditionen, und beide Kriterien sind – das relativiert von vornherein jedes Urteil über einen zeitgenössischen Kulturbau – einer ständigen Veränderung unterworfen. Funktional handelt es sich hier um eine Kompromissvariante, die als kleinster gemeinsamer Nenner aus dem Bestreben entstand, die verstreuten Standorte des nationalen Moderne-Museums zu vereinigen und sie an diesem Standort mit allen Vor- und Nachteilen regelrecht „unterzubringen". Das gelang nicht zur Gänze, denn nach wie vor muss das Museum teure Depots am Stadtrand nutzen, was bei der gegebenen Investitionssumme nur schwer zu vermitteln sein wird. Museologische Nachteile gibt es auch in den von Techniköffnungen vielfach durchschnittenen Wänden der Ausstellungssäle, was einen drastischen Verlust an perfekt nutzbarer Hängefläche zur Folge hat. Dieser Punkt ist aber ein ästhetischer und führt zur Frage der künstlerischen Interpretation moderner Kunst durch Architekten. Die Legitimität, der Moderne ein künstlerisches „Bild" überzustülpen, steht außer Frage, denn gerade die Technik der Anverwandlung und Umdeutung ist eine ihrer eigenen zentralen Strategien. Auch die fast vollständige Emanzipation der Außenhaut vom Inneren entspricht der Bautypologie der „generic city". Bleibt als Kern die hier stark forcierte Ent-Auratisierung der Objekte durch die aufgezählten architektonischen und (nicht den Architekten anzulastenden) Ausführungsentscheidungen. Seit dem ersten Museum moderner Kunst nennenswerter Größe, dem New Yorker Museum of Modern Art, das ursprünglich in einem Standard-Bürohaus Manhattans untergebracht war und nach vielen Um- und Neubauten am Platz noch heute in diesem Ambiente liegt, existiert diese Spannung zwischen industriellem Raum-Standard und Restsehnsüchten der Kunstwerke nach einem autonomen Ambiente, wie es der klassische Museumstyp der Louvregalerie zeigte. In der Postmoderne kam hier noch der Architekt als (wahrnehmbarer) dritter Gestalter dazu. Fazit: Die heterogenen Bilder, in denen Ortner & Ortner die moderne Kunst und Gesellschaft interpretieren, schaffen hier produktive Kollisionen, die in einem neuartig-unkontemplativen Museumsbetrieb münden müssen, der auf „Gesamtlösungen" verzichtet.

with all the advantages and disadvantages that this entailed. This was not altogether a success as the museum still has to use expensive depots at the edge of the city, something which will be difficult to explain away in regard to the large sums invested. There are also museal difficulties in the exhibition halls, that are repeatedly perforated by technically necessary apertures, resulting in a drastic loss of optimally usable hanging space. This point is an aesthetic one and leads to the question of the artistic interpretation of modern art by architects. The legitimacy of imposing an artistic 'image' over modernism is out of the question as exactly the technique of transmutation and reinterpretation are its own central strategies. The almost complete emancipation of the outer skin from the interior also corresponds to the building typology of the 'generic city'. The strongly forced de-auraticisation of the object through the listed architectural and (not the architects' fault) the decisions made during realisation remain the core here. Since the first museum of modern art of a size worthy of mention, the New York Museum of Modern Art (which was originally housed in a standard office block in Manhattan and still after many conversions and new buildings is in this ambience today), this tension exists between industrial spatial standards and the residual yearnings of the artworks for an autonomous ambience, as the classical type of museum of the Louvre gallery shows. No later than with postmodernism the architect entered the arena here as a (perceptible) third creator. Conclusion: the heterogeneous images in which Ortner & Ortner interpret modern art and society create a productive collision here which has to lead to a new type of uncontemplative museum business, one that abstains from 'complete solutions'.

Ortner & Ortner, Manfred Wehdorn
Hallen-Kunst in Zwischenlagen | The Art of the Hall In-Between

Eines der Ergebnisse der im Laufe der Planungsgeschichte geänderten Vorgaben an den Entwurf des MuseumsQuartiers ist die Erhaltung der ehemaligen Winterreithalle der Hofstallungen und ihre Nutzung als Veranstaltungshalle. Ursprünglich als zentrales Foyer für alle Einrichtungen des Quartiers vorgesehen, dient sie nun den Theaterproduktionen der Wiener Festwochen. Die Kunsthalle der Stadt Wien wurde parallel hinter die alte Reithalle in einen räumlich engen Bezirk der Gesamtanlage gestellt und mittels eines seitig liegenden, gemeinsamen Foyers dieser beiden stadteigenen Institutionen erschlossen. Besonders bei der Adaptierung der alten Reithalle für neue Theaterzwecke musste die Partnerschaft der Architekten Ortner & Ortner und Manfred Wehdorn gangbare Wege der Umnutzung einer gleichwohl noch ablesbaren früheren Funktion finden.

One of the results of changes to requirements in the design of the MuseumsQuartier during the course of planning was the preservation of the former winter riding hall of the imperial stables and its use as a hall for events. Originally conceived as a central foyer for all the facilities in the Quartier, it now serves as a venue for the Wiener Festwochen's theatrical performances. The City of Vienna's Kunsthalle (arts centre) was placed behind and parallel to the old riding hall, occupying a relatively narrow area of the whole site and accessed by means of an adjacent foyer serving both of these municipally owned institutions. In the adaptation the old riding hall for theatrical purposes in particular, the partnership of the architects Ortner & Ortner and Manfred Wehdorn had to find viable forms of conversion which still made the earlier function clearly legible.

Veranstaltungshalle in der ehemaligen Winterreithalle|
Multipurpose hall in the former Winter Riding Hall

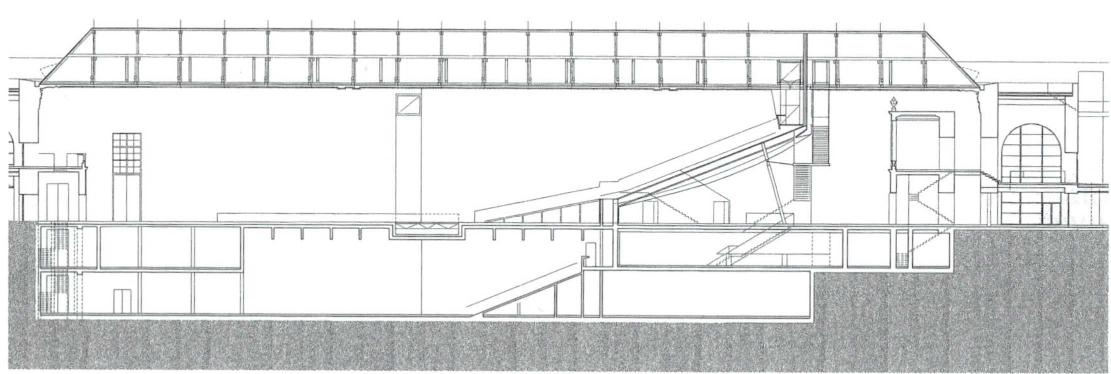

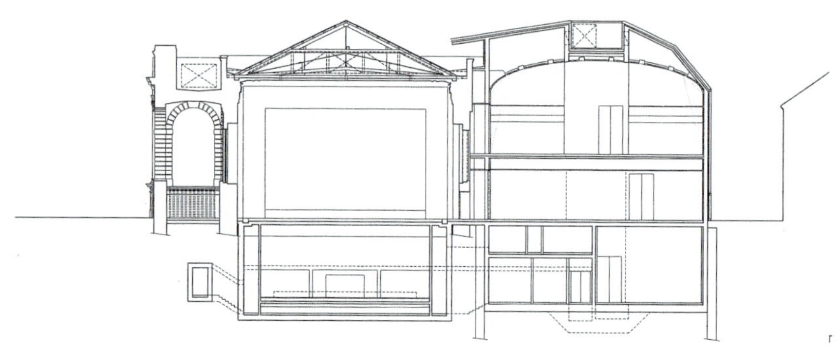

Querschnitt durch Veranstaltungshalle (li.)
und Kunsthalle (re.)|
**Cross section of multipurpose hall (left)
and Kunsthalle (right)**

Kunsthalle: Schnittmodell, Ansicht, Schnitt und EG-Grundriss|
Model of section, elevation, section and ground floor plan

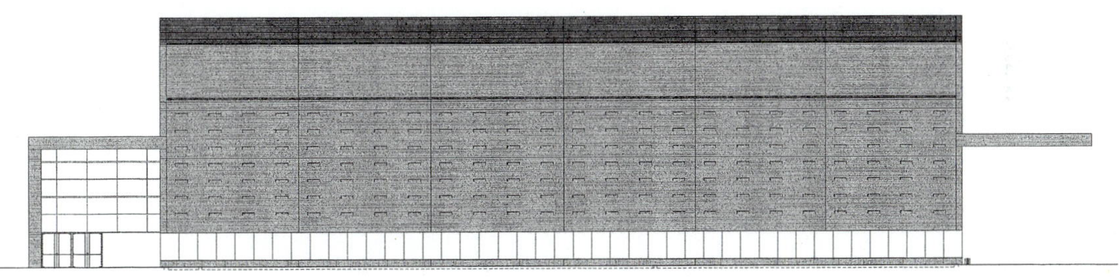

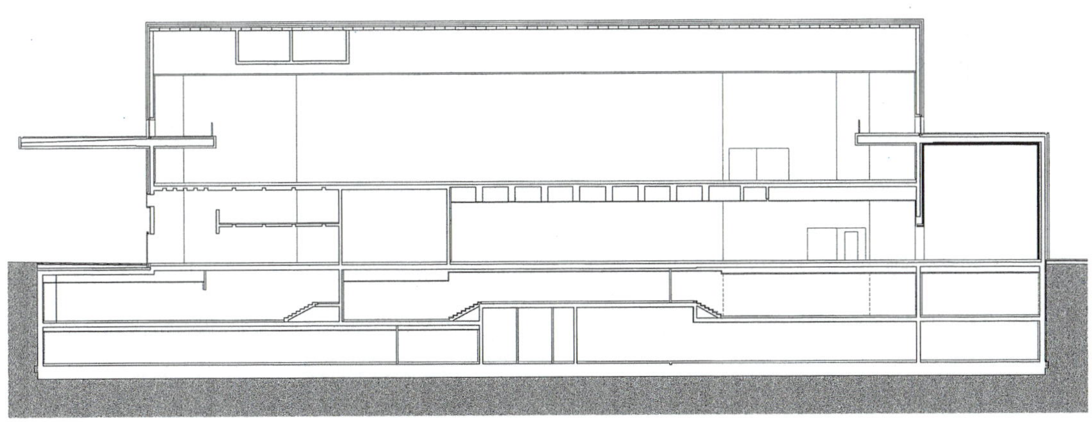

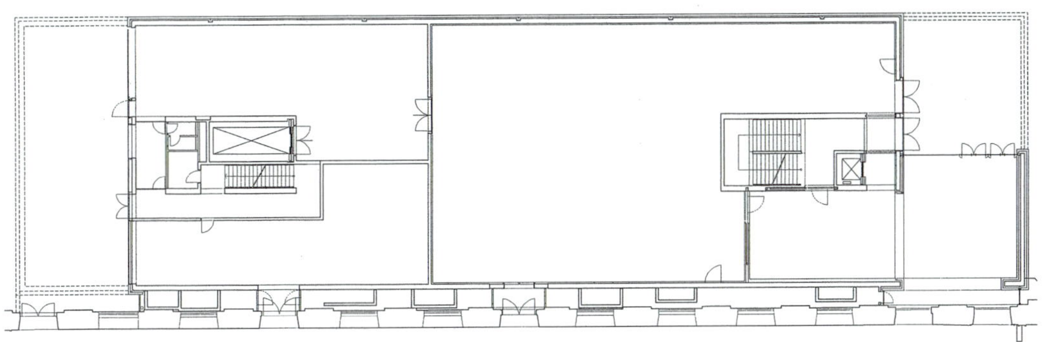

Umnutzung der ehemaligen Winterreithalle und neuer unterirdischer Saal|
Conversion of the former Winter Riding Hall and new subterranean hall

Foyer der Veranstaltungshalle|
Foyer of the multipurpose hall

Großer Saal der Kunsthalle im
Obergeschoß und Installation
„Eine barocke Party" |
Main hall to the Kunsthalle
on the upper level and
installation Eine barocke Party
(A Baroque Party)

Von Matthias Boeckl An keiner anderen Stelle der Gesamtanlage zeigen sich – da durch den Einbezug des Leopold
Museums die Kunsthalle verlegt werden musste – die Auswir-
kungen der politischen Entscheidungen in der Planungsgeschichte des MuseumsQuartiers deutlicher als beim Zwillings-
bau der Kunst- und Veranstaltungshalle. Gleichzeitig aber entstanden auf diese Weise spannende neue Raumsituationen.
Laurids Ortner beklagt diese Vorgänge nicht, er beschreibt sie
in der Formel eines „demokratischen Prozesses, der auf die
architektonische Form übertragen" wurde. Einen „Ruf nach
dem starken Bauherrn" lehnt er ab, das bauliche Ergebnis sei
die „adäquate Antwort" auf die gesellschaftliche Situation. Die
Positionierung der Kunsthalle in die Zone hinter der Reithalle,
wo die Böschung zum dahinter liegenden Stadtbezirk über den
sogenannten „Ovaltrakt" mit Büros und Ateliers überwunden
wird, brachte auch die Erschließung eines Terrains nahezu
kleinstädtischen Flairs mit kleinen, gekrümmten Gassen.
Laurids Ortner sah hier auch keine Standortnachteile: „Eigen-
artigerweise rühren die nichtgeschützten Teile wie der gesamte
hinter der Reithalle liegende Bereich mit seinen Brücken, ver-
gammelten Gemäuern und Beisln mehr als die geschützten."
Dieser Eindruck aus der Zeit des Zweiten Wettbewerbsprojek-
tes (1990) hat sich nicht grundlegend geändert, obwohl die
„vergammelte" Atmosphäre nun einer aufgeräumten, klaren
gewichen ist. Der Komplex bietet sich dem Besucher, der
den großen Innenhof der Anlage betritt, zunächst nur in der
gewohnten Ansicht der Reithalle dar. Doch wurde sie an ihrer
rechten Seite mit einem Signal versehen, das auf Geändertes
verweist. Ein Klinkerbogen deutet an, dass hier der Zugang
zu einer nicht-imperialen, „industriellen" Funktion liegt. Durch-
schreitet man dieses Tor, so betritt man ein verglastes Foyer,
das sich in räumlicher Schichtung zwischen die Reithalle und
die Treppenanlage beim Museum moderner Kunst geschoben
hat. Eine gemeinsame Kassenanlage regelt den Besucher-
strom in die insgesamt vier Säle der beiden Institutionen.
Die Kunsthalle Wien ist ein Produkt der Spektakelgesellschaft,
die sich aus den opulenten achtziger Jahren mit ihren
Großausstellungen in der Art der „Türken vor Wien" (Gestaltung: Hans Hollein, 1983) oder „Traum und Wirklichkeit"
(Hans Hollein, 1985) entwickelte. Diese Ausstellungen fanden
in dem dafür angemieteten Künstlerhaus statt. Eine dauerhaf-
te eigene Ausstellungshalle ergab sich als naheliegender
Wunsch an die Überlegungen über neue Kulturinstitutionen
und wurde in das Programm des MuseumsQuartier-Wettbewer-
bes 1987 übernommen. Damit zählt die Kunsthalle zum kul-
turpolitischen „Urbestand" an hier angesiedelten Institutionen.
Der realitätsferne, virtuelle Charakter zeitgenössischer Ausstel-
lungsevents hat in der Positionierung zwischen Veranstaltungs-

by Matthias Boeckl On no other part of the whole site are
the effects of political decisions on the planning history of the
MuseumsQuartier as clear as in the twin construction of the
hall for art and events – which had to be relocated due to the
inclusion of the Leopold Museum. At the same time an exciting new spatial situation arose as a result. Laurids Ortner
does not regret these processes, he describes them with the
formulation of a "democratic process which [was] carried over
onto the architectural form". He rejects a "call for the strong
client", the built result being the "suitable response" to the
social situation. The positioning of the Kunsthalle in the zone
behind the riding school, where the embankment to the city
district behind is overcome by the so-called 'Ovaltrakt' (oval
tract) with offices and studios, brought with it the development
of a region of somewhat small-town flair with little winding
streets. Laurids Ortner did not see any debasement of location
in this: "Strangely enough the unprotected parts such as the
whole area behind the riding hall, with its bridges, crumbling
walls, pubs and bars are more stirring than the protected
ones." This impression from the time of the second competition project (1990) has, in essence, remained unchanged
although the 'crumbling' atmosphere has now given way to a
tidy and cleared one. The complex first presents itself to the
visitor entering the large inner courtyard of the site with just
the accustomed view of the riding hall. However, its right flank
has been supplied with a sign referring to alterations. A brick
arch indicates that the entrance to an unimperial 'industrial'
function is here. If one enters via this gateway then one steps
into a glazed foyer which has squeezed itself in-between the
riding hall and the flight of stairs by the museum of modern
art. A shared ticket area regulates the flow of visitors into all
of the four halls of both institutions.
The Kunsthalle Wien is a product of the society of the specta-
cle which developed from the opulent eighties with their large
exhibitions such as *Türken vor Wien* (Turks before Vienna,
designed by Hans Hollein, 1983) or *Traum und Wirklichkeit*
(Dream and Reality, Hans Hollein, 1985). The exhibitions
took place in the Künstlerhaus, which had been rented for
the purpose. A permanent exhibition hall was the result of a
strong wish deriving from considerations about new cultural
institutions and was taken up in the agenda for the Museums-
Quartier competition in 1987. The Kunsthalle therefore ranks
as 'original stock' in culture-political terms among the institutions settled here. The virtual character, detached from reality,
of contemporary exhibition events has found a suitable
response in the location between the events hall and the oval
tract for the functions, which have to be housed in one state
for the art exhibition building and come into their own without

halle und Ovaltrakt eine passende Antwort gefunden. Denn die Funktionen, die in einem zeitrichtigen Ausstellungshaus untergebracht werden müssen, kommen zur Gänze ohne Sichtbezug zur Außenwelt aus: Das sind einmal die Ausstellungshallen selbst, die in jeder Produktion neu bespielt und daher am besten als einfache Schachteln ausbildet werden, dann aber auch die Zwischenlager für die Anlieferung der Kunstwerke. Die Büros sind in Alttrakten untergebracht. Der zweite – ebenfalls naheliegende, der betont pragmatischen Auffassung von Ortner & Ortner entsprechende Schritt – ist die einfache Organisation dieser Volumina in dem gegebenen gestreckten Quader: Oben die große Halle, darunter eine kleine, daneben und in Untergeschoßen Erschließungs- und Lagerräume, die jedoch inzwischen teilweise widmungsfremd als Werkstätten verwendet werden. Auch die architektonischen Akzente sind rasch aufgezählt: Der Bau ist in Klinker verkleidet (Anspielung auf Industriecharakter), verfügt über eine imposante, nur von Ziegeleinzügen und einer langen Plakatwand gegliederte Rückfront an der „Dorfgasse" der Anlage. Und: Zwei große, weit auskragende Vordächer markieren nicht nur geschützte Außenzonen, sondern wirken im Inneren der die gesamte Gebäudelänge beanspruchenden großen Halle als Emporen an den Stirnwänden: So konnten die Betonplatten der Vordächer im Inneren adäquat verankert werden. Gerade diese minimale Raumgliederung erweist sich jedoch nach aller Ausstellungserfahrung – ebenso wie die schmalen Assistenzräume bei den großen Sälen des Museums moderner Kunst – als willkommene Zone für Spezialexponate geringerer Größe. Der große Saal ist in einer Tonne gewölbt, was dem Raum einen feierlichen Charakter gibt, der jedoch von den Installationen konterkariert werden kann. Tageslichtöffnungen sind unnötig. Genauso wie die als Provisorium am Karlsplatz von Adolf Krischanitz errichtete und nun stark verkleinerte Kunsthalle lebt diese Konstruktion gerade aus ihrer Hermetik, die auf eine autonome Kunstsphäre abzielt. Nicht anders ist die Intention der kleineren Halle im Erdgeschoß, die als „klassische" Quaderschachtel Kunstinszenierungen eigenen Charakters ermöglicht. Ähnlich verhält es sich bei der Umnutzung der ehemaligen Winterreithalle, wo allerdings ein massives denkmalschützerisches Problem in der Erhaltungsvorgabe des Altbaus bestand. Eine Reithalle ist kein Theater. Die angestrebte Funktion konnte nur erreicht werden, indem der Boden des alten Gebäudes unterkellert wurde, um dort Platz für einen „Black Cube"-Saal für kleinere Inszenierungen zu schaffen. Die Halle selbst musste jedoch vollständig erhalten bleiben – mehr noch, jede Intervention oder neue Funktion muss so ausgebildet sein, dass sie (zumindest theoretisch) jederzeit demontierbar ist. Das führte zur Paradoxie, dass etwa die Innenwände der Halle

visual relation to the outside world: These are the exhibition halls themselves, which are newly arranged with every production and are therefore best organised as simple boxes, but they also serve as temporary storage for the delivery of artworks. The offices are housed in the old tracts. The second – equally simply, almost obvious, appropriate step of the emphatically pragmatic approach taken by Ortner & Ortner – is the simple organisation of these volumes in the existing extended block: above the large hall, underneath a small one, beside and on the lower floors, are spaces for circulation and storage which are nonetheless now being used as workshops. The architectural accents are also readily listed: the building is clad in clinker (a reference to its industrial character), and possesses an imposing rear facade articulated only by brick inserts and a long wall of billboards facing the 'village street' of the site. And: two large protruding porches not only mark the protected outer zone but also act as galleries on the end walls of the interior of the hall extending the whole length o f the building. Here the concrete slabs of the porches could be adequately anchored on the inside in this way. Precisely this minimal arrangement of space – and likewise the narrow ancillary spaces next to the halls of the museum of modern art – proves itself in exhibition practice to be a welcome zone for special exhibitions of limited scale. The large hall is barrel-vaulted, which lends the space a ceremonial character, but it can nevertheless be juxtaposed by the installations. Apertures for daylight are unnecessary. This structure lives, like the temporary one erected by Adolf Krischanitz on Karlsplatz and now being reduced, from its hermeticism aimed at an autonomous art sphere. The intention of the small halls on the ground floor is no different. As 'classical' cubed boxes they make it possible for presentations of art to have their own character. The use of the former riding hall is similar, although a large preservation problem existed in the conservation requirements of the old structure. A riding hall is not a theatre. The desired use could only be achieved by building a cellar under the floor of the old structure to provide space for a 'black cube' hall for smaller performances. The hall itself had to be preserved in its entirety though – and moreover, every intervention or new function had to be realised in such a way that it could be dismantled (at least theoretically). This led to the paradox that the interior walls of the hall were wonderfully restored in accordance with all the regulations of the art of conservation only to disappear behind suspended screening and in the twilight of the theatre auditorium. The potential for the dismantling of the installations is surely also only fictional considering the sums invested. However it brought about an interesting 'negative' spatial configuration: the reverse of the

nach allen Regeln der Restaurierungskunst auf Hochglanz gebracht wurden – nur um dann hinter Abhängungen und im Dämmerlicht des Theatersaales zu verschwinden. Auch die Demontierbarkeit der Einbauten ist angesichts der investierten Beträge wohl nur Fiktion. So entstand aber immerhin eine interessante „negative" Raumfigur: Die in die alte Halle an einem Ende über die gesamte Breite eingestellten Zuschauer- ränge sind an ihrer Rückseite als gewölbtes, schräg über dem Foyer hängendes Segel ausgebildet, das von schon fast (pas- send) theatralisch wirkenden Stahltreppenläufen erschlossen und durchstoßen wird. Die ersten Inszenierungen im großen Saal sind auf Anerkennung gestoßen.

Das alte Foyer der Winterreithalle, das um einen Vorraum zur Kunsthalle erweitert wurde, bietet auf einer erhöhten Ebene aber auch Platz für ein von Eichinger oder Knechtl eingerichte- tes Café. Es atmet den selbstverständlichen, aber spür- und sichtbar gestalteten Charakter der ihnen eigenen Lebensstil- Rahmungskunst. Für diese Aufgabe konnte man keine besser qualifizierten Einrichter finden, die sich in der Kunst- und Kulinarikszene der Stadt schon einen Ruf als zeitgenössische Klassiker erarbeitet haben.

Die Planungsvorgaben und Rahmenbedingungen im Entwurf der Kunst- und Veranstaltungshalle waren derart dicht gewo- ben, dass eine entwerferische Potenz hier kaum etwas aus- gerichtet hätte. Die affirmative Interpretation des Programms und der Situation haben jedoch aus den alten und neu dazu gestellten Volumina ein funktionierendes, schon jetzt gut angenommenes Veranstaltungszentrum für Kunst und Theater gemacht, dessen sich die Stadtverwaltung – zwischen zwei Bundesinstitutionen – für internationale Produktionen aller Art bedienen und dafür einen „State-of-the-Art"-Ausstattungs- standard bieten kann.

rows of stalls, which span the whole width of the old hall at one end, forms a vaulted, tilted sail hanging over the foyer which is fed and punctured by steel staircases with an almost (and suitably) theatrical effect. The first performances in the large hall have met with recognition.

The old foyer of the winter riding hall, which was extended to the Kunsthalle via an entrance hall, also affords space for a café by Eichinger oder Knechtl on an upper level. It breathes the matter of fact but tangible and visible character of their own particular art of framing lifestyle. Better designers could not be found for this task as they have achieved the reputa- tion of contemporary classicists in art and culinary circles.

The planning requirements and framework for the design of the hall for art and events were so densely woven that creative potency would have had little effect here. The affirma- tive interpretation of the agenda and the situation have never- theless made a functioning and already well-received centre for art and theatre from the old and the newly introduced spaces, which the city administration – between two federal institutions – can use for international productions and which can offer state-of-the-art equipment.

Hier baut man auf
EBENSEER
Qualitätsbausteine

MuseumsQuartier, Großer Innenhof|Great Courtyard:
Leopold Museum (links|left) und|and Museum moderner Kunst Stiftung Ludwig (rechts|right)
von|by Ortner & Ortner, dazwischen|in between Kunst- und Veranstaltungshalle|Art and Event Hall
Foto|photo Rupert Steiner

Leopold Museum
Foto | photo Rupert Steiner

**Wege und Treppen |
Paths and stairs**
Fotos | photos Matthias Boeckl

Museum moderner Kunst Stiftung Ludwig – mumok
Fotos | photos Rupert Steiner

Leopold Museum: Galerien des 19. und 20.Jahrhunderts | galleries of 19th and 20th centuries, mit Arbeiten von | with works by
F.G.Waldmüller, A.Clementschtisch, A.Egger-Lienz, A.Romako und anderen | and others
Fotos | photos Edgar Knaack

Museum moderner Kunst Stiftung Ludwig – mumok:
Kuppelsaal | vaulted hall mit | with Mouse Museum von | by Claes Oldenburg;
Bertrand Lavier-Saal | gallery

Folgende Seite | following page:
Wiener Aktionismus-Saal | gallery of Vienna Actionism
Fotos | photos mumok

MOSQUITO
SUCKS
WERE
BACK
q
BLOOD
BLOOD

mumok: Gilbert & George-Saal | gallery
Foto | photo mumok

mumok: Saal mit Arbeiten von|galleries with works by Tony Cragg; Installation von|by Ilya Kabakov
Foto|photo mumok

Kunsthalle: Ausstellung | Exhibition "Flash Afrique"
Fotos | photos Kunsthalle Wien

Manfred Wehdorn **Sanierungs-Politik|
The Politics of Renovation**

Die Entscheidung der österreichischen Bundesregierung, den Siegern der Zweiten Stufe des MuseumsQuartier-Architekturwettbewerbs Ortner & Ortner den denkmalpflegerisch profilierten Architekten Manfred Wehdorn zur Seite zu stellen, war in Architektenkreisen umstritten. Die Befürchtung, dass damit die Neubauten des MuseumsQuartiers gleichsam „historisiert" würden, erwies sich jedoch als gegenstandslos. Ortner & Ortner reagierten auf ihre Weise auf die medial verstärkte Aufregung einer ängstlichen Minderheit aufgeschreckter Bürger – und Manfred Wehdorn schuf mit seiner Auffassung denkmalpflegerisch vertretbarer Interventionen einen gut nutzbaren Rahmen. Diese Aufgabe erforderte ein geschicktes Handling der politischen Aspekte: Zwischen der Skylla des Szene-Vorwurfs blindwütiger Erhaltungsdogmatik einerseits und der Carybdis irrationaler Verschandelungsängste des konservativen Lagers andererseits sollte Wehdorn im Verein mit ebenfalls auf Ausgleich bedachten Politkern das Gesamtprojekt zu einem positiven Ende mitbegleiten. Dabei war zusätzlich noch eine Budgetknappheit zu bewältigen, die dennoch großzügige Neubauten und die solide Sanierung der Altbauten ermöglichen sollte – Wehdorn antwortete darauf mit einem geradezu minimalistischen Konzept, das alles von Büronutzungen über Restaurierungsateliers bis hin zu wechselnden Zeitgeist-Kulturinstitutionen beherbergen kann. Alle Eingriffe sind ables- und revidierbar. Wehdorn fungierte im Gesamtkonzept als politische Absicherung, seine aus der Sicht dogmatischer Denkmalpfleger recht weitgehenden Umnutzungsstrategien kommen aber dem Projekt zweifellos zugute.
Matthias Boeckl und Andrea Nussbaum sprachen mit Manfred Wehdorn über Grundsätzliches.

The Austrian government's decision to send the architect Manfred Wehdorn, who has made his reputation in the preservation and restoration of monuments, to work alongside the architects who won the second phase of the competition, Ortner & Ortner, was a much disputed one in architects' circles. The fear that this would mean that the new buildings in the MuseumsQuartier would also become equally 'historicised' has, however, proven to be unfounded. Ortner & Ortner reacted in their own way to the agitation of a nervous minority of outraged citizens who had been encouraged in their fears by the media. For his part, with his notion of interventions acceptable from a preservationist's point-of-view, Manfred Wehdorn created an entirely adequately usable framework. This exercise required assiduous handling of the political aspects involved. Wehdorn moved between the Skylla of accusations of adhering to a blind conservationist dogma, coming from the more trendy scene on the one side, and the Carybdis of an irrational fear of vandalism on the part of the Conservative camp on the other. In the end he guided the entire project towards a positive conclusion in the company of politicians equally in favour of a balance. On top of this there was the problem of only having a very tight budget available for the nevertheless generous new buildings and the solid renovation of the older buildings. Wehdorn's reaction here was to produce an all too minimalist concept capable of providing shelter for anything ranging from studios for restoration to alternating cultural institutions appropriate to the Zeitgeist. All the interventions are legible and reversible. Wehdorn acted as a political safeguard in the entire concept but, despite his stance as a dogmatic conservationist, this strategy of conversion has without doubt been beneficial to the project.
Matthias Boeckl and Andrea Nussbaum talked to Manfred Wehdorn about the basics.

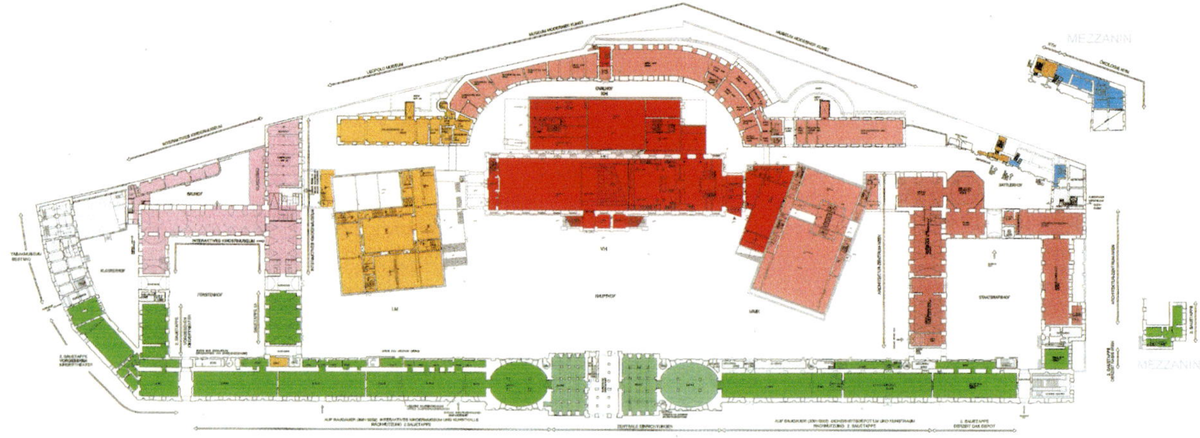

Schema der Funktionsverteilungen im Gesamtareal |
| Distribution of various uses in the complex as a whole

Sie wurden nach der Juryentscheidung als Experte für Revitalisierungen historischer Bausubstanz dem Bauvorhaben MuseumsQuartier hinzugezogen. Könnten Sie uns kurz Ihre Philosophie beim Herangehen an das Thema schildern?

Man hat mich 1995 den siegreichen Wettbewerbsarchitekten Laurids und Manfred Ortner „zugesellt", sozusagen als Spezialist für Denkmalpflege und Altstadterhaltung. Worum es mir bei den Änderungen, die ich eingebracht habe und die wir dann gemeinsam vollzogen haben, gegangen ist, lässt sich relativ einfach darstellen, nämlich: Die vorhandene historische Substanz aktiv für die Museen mitzuverwenden, wodurch die Neubauvolumen kleiner geworden sind. Aus der Sicht der historischen Stadt war es mir wichtig, die Neubaumassen unter die Silhouette des hochragenden siebten Bezirkes zu bringen. Ich wollte die Neubauten nicht verstecken, sondern aus der Altstadtsanierung war mir klar, dass es dann akzeptabel ist, dass die Volumina den Fischer von Erlach-Trakt überragen, wenn die historische Silhouette nicht nochmals überragt wird, was aber nicht heißt, dass sie nicht angereichert werden darf.

Die Neubauten von Ortner & Ortner sind deutlich kleiner geworden. Um wieviel?

Im ursprünglichen Entwurf waren die Neubauten um 50 Prozent höher als sie es jetzt sind, aber nicht, weil wir sie in den Boden gedrückt habe, sondern weil wir sinnvoll ausgelagert haben. Und das Resultat ist eigentlich großartig. Viele Funktionen sind nun im Altbestand untergebracht, die Direktoren des Leopold Museums und des mumok werden ihre Büros jeweils in den seitlichen Spangen der Museen haben, aber trotzdem direkt mit ihren Häusern verbunden sein. Ein idealer Zustand, weil man zum Beispiel im Verwaltungsbereich von den Betriebszeiten der Ausstellungsräume unabhängig ist.

Wie gestaltete sich die Zusammenarbeit mit Ortner & Ortner?

Im Prinzip gab es keine Dissonanzen, weil der Ansatz von Laurids und Manfred Ortner auch für mich als Denkmalpfleger und Altstadterhalter ein sehr schöner war: die historischen Bauten bilden ein gewaltiges Freilichtfoyer, in dem die Neubauten als klare Würfel stehen. So gesehen unterscheidet sich mein Credo als Architekt überhaupt nicht von dem der Architekten Ortner: Überleben wird nur die Einfachheit. Ortner & Ortner und ich, wir produzieren keine parfümierte Architektur. Wenn ich ein Credo habe, dann das der Einfachheit, was sich auch sehr deutlich im MusemsQuartier ablesen lässt – diese historischen Bauten waren nie Prunkbauten.

Following the decision by the jury, you were brought into the MuseumsQuartier project as an expert on the revitalisation of historic buildings. Please could you briefly outline the philosophy behind your approach to the subject?

In 1995 I was sent to the architects that won the competition, Laurids and Manfred Ortner, as a specialist on the preservation and maintenance of monuments and old buildings, so to speak. My concern in the alterations I introduced and that we then completed together, is relatively easy to explain: To actively incorporate the existing historic substance for the museums' use, which led to a reduction in the size of the new buildings. From the point-of-view of the historic city, it was important to me that the new volumes remained below the projecting silhouette of the seventh district. I didn't want to hide the new buildings, but from the restoration of the old city it had become clear to me that it was acceptable for the volume of the Fischer von Erlach tract to project if nothing else sticks out above the historic skyline. Which doesn't mean to say that it can't be enriched.

The new buildings by Ortner & Ortner have been noticeably reduced in size. By how much?

In the original design the new buildings were 50% taller than they are now. Not because we've pressed them into the ground, though, but because we've redistributed sensibly. And the result is great, really. Many of the functions are now housed in the old existing buildings. The directors of the Leopold Museum and the museum of modern art are both going to have their offices in the side braces of the museums but still be directly linked to their respective buildings because, for instance, the administration runs independent of the opening hours of the exhibition spaces.

What does your collaboration with Ortner & Ortner look like?

In principle there was no friction as the premise taken by Laurids and Manfred Ortner was a good one for me too, as a conservationist of monuments and old buildings. The historic buildings form a massive open-air foyer in which the new buildings stand as clear cubes. Seen like that, my credo as an architect is by no means any different from that of the architects Ortner: Only simplicity will survive. Ortner & Ortner and I, we don't produce fragrant architecture, which is clearly legible in the MuseumsQuartier – these historic buildings were never grand representative buildings.

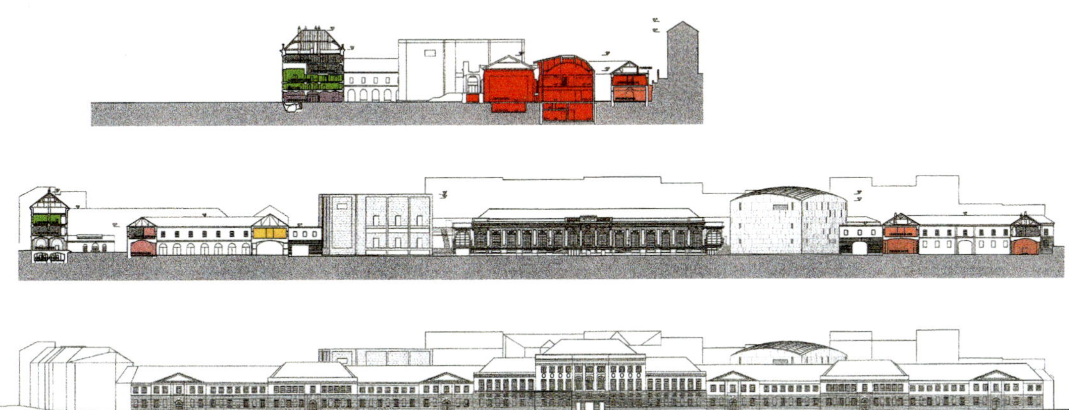

Es handelt sich ja nicht nur um eine Sanierung, sondern um eine Umnutzung, denn die Funktionen sind zum größten Teil neue. Wie weit war die Umnutzung bestimmend für den Grad des Eingriffes?

Jeder architektonische Eingriff in einen Bestand wird von der neuen Nutzung geprägt. Die originale Nutzung hat es wahrscheinlich seit dem Ende der Monarchie 1918, spätestens seitdem die Messe eingezogen war, nicht mehr gegeben. Im MQ finden Sie quer durch die Obergeschoße Wohnungen, Verwalter- und Personalwohnungen wie im Original. Das brachte zwar Probleme für den Nutzer, für mich ist es aber eine sehr schöne Tatsache, dass es noch so viele Wohnungen dort gibt. Der Architekt und Denkmalpfleger freut sich darüber, weil wir weltweit in der Zwischenzeit wissen, dass monokulturelle Nutzungen immer zum Sterben eines Hauses führen. Im MQ gibt es eine Menge, rund 7.000 m² Fremdnutzungen, davon ein Gutteil Wohnungen. Das halte ich für sehr, sehr positiv.

Ein wesentlicher Bestandteil von aktuellen Umnutzungphiloso-phien ist es, Einbauten so auszuformulieren, dass eine mögli-che Demontage visuell zumindest glaubwürdig ist. Ein Beispiel ist die ehemalige Winterreithalle, die mit der Theaternutzung eine gewaltige Uminterpretation erfährt und nicht billig war. Das ist doch ein wenig Rhetorik, oder?

Kostenmäßig ist es im allgemeinen und im besonderen beim MQ bei den Altbauten genau umgekehrt. Denn dort wurde durch nachträgliche Simplifizierung viel Geld für die Neubauten gespart, indem sehr preisgünstig gebaut wurde. Mich persönlich stört das überhaupt nicht. Ich habe nichts gegen offene Kabeltrassen, weil sie zeigen, dass alles temporär ist. Die Simplizität, der provisorische Charakter war sehr gewollt und bestätigt durchaus meine Architekturphilosophie.
Die große Halle, ein Projekt, das Ortner & Ortner und ich gemeinsam durchgezogen haben, stellt den größten Eingriff dar, den es gegeben hat. Nicht alles dort ist temporär, zum Beispiel die unterirdischen Säle. Und bei der Reithalle sind die Eingriffe auch am meisten diskutierbar. Die neue Architektur rückt aber von der historischen ab, überall findet man diese „Spatien", die – wenn Sie so wollen – „Ehrfurcht" vor der historischen Architektur ausdrücken.

Die Reithalle war im Wettbewerbsprojekt der Zweiten Stufe als gemeinsames Foyer für die beiden Museen vorgesehen. Ist das eine Funktion, der Sie vom denkmalpflegerischen, aber auch vom architektonischen Ansatz her nachtrauern? Das jetzt durch den großen Hof realisierte „Freilichtfoyer" ist ja in Typus

The brief was not just about a job of restoration but a conversion as most of the functions are new ones. To what extent did the conversion undertaken determine the extent of the intervention?

Every architectural intervention in an existing building is characterised by the new usage. The original use probably hasn't existed since the end of the monarchy in 1918, at the very latest since the trades fair moved in. There are apartments running right through the upper storeys in the MQ, accommodation for the administration and members of staff. This may have brought with it problems for the users but for me it was an attractive given, that there are still so many homes there. Architects and preservationists enjoy that because all over the world we have in the meantime become clever enough to know that monocultural uses always lead to the death of a building. In the MQ there is a great deal of outside usage, about 7,000m², of which a large proportion is residential. I find that a very, very positive thing.

An essential element of the contemporary thinking behind conversions is that fittings that serve the new usage should be formulated in such a way that their dismantling at least appears credibly viable. An example of this is the former winter riding hall, which is experiencing a massive reinterpretation with its use as a theatre and was far from being cheap. But that's really just rhetoric, isn't it?

In terms of the costs involved in general, and especially in the case of the MuseumsQuartier, the complete reverse holds true for the old buildings. As a great deal of money was saved for the new buildings by simplifying what we had, by building very economically. This doesn't bother me personally at all. I've got nothing against open cable ducts as they show that everything is temporary. The simplicity, the provisional character, was considered desirable and absolutely conforms to my philosophy of architecture.
The Grosse Halle, a project that Ortner & Ortner and I realised in collaboration does not represent the largest intervention that was made. Not everything there is temporary, the subterranean halls aren't, for example. And next to the riding hall the interventions are also mostly open to discussion. The new architecture moves visually away from the historical architecture. You'll find these 'gaps' everywhere, ones that express a respect for the historical architecture, if you like.

In the project for the second phase of the competition the riding hall was designated as a shared foyer for the two

und Funktion nicht mit einem Foyer à la Louvre-Pyramide zu vergleichen.

Der Architekt ist dazu aufgerufen, dass er sinnvolle Lösungen umsetzt, Forderungen des Nutzers. Das große Foyer wäre aus der Sicht der Denkmalpflege die schönste Nutzung gewesen. Wenn Sie sich allerdings die Baukosten ansehen, schätze ich den Aufwand im historischen Bereich auf 80 Millionen Schilling. Das wäre also ein 80 Millionen Schilling-Foyer geworden. Im Zuge der Planungen ist das Geld knapper geworden. Darüber hinaus war es auch eine Nutzervorgabe, dass das große gemeinsame Foyer nicht mehr gewünscht war. Auch in der Flächenrelation hätte es nicht gestimmt: Sie hätten damit ein Foyer, das im Grundriss größer wäre als die dahinter liegende Kunsthalle.

Europaweit gibt es wenige vergleichbar große Bestandssanierungen. Die Berliner Museumsinsel ist eine davon. Im Louvre war die Aufgabenstellung schon eine andere. Wie würden Sie das Gesamtunternehmen Wehdorn – Ortner & Ortner in diesem internationalen Zusammenhang positionieren?

Es war nicht Wehdorn – Ortner & Ortner, die das MQ realisiert haben, sondern ein großes Team. Ausgelöst wurde es aber durch politische Entscheidungen, ausgelöst wurde es durch ein Verfahren, das aus der heutigen Sicht vielleicht nicht ganz glücklich war, andererseits wissen wir alle, dass viele große Vorhaben eine Projektgeschichte von zehn Jahren haben. Es war eine politische Willensentscheidung. Unsere Politiker haben wahrscheinlich vieles falsch gemacht, aber in dieser Frage hat man erkannt, dass das MQ der richtige Platz ist, um dort das große Museum zeitgenössischer Kunst anzusiedeln. Zum Glück sind es aber nicht nur Museen allein. Nebenbei bemerkt, warum ich den Entwurf von Laurids und Manfred Ortner so gut finde: für mich sind es unter anderem die großen Stiegen, die zu den Museen führen und über die viel diskutiert wurde. Wir wissen alle, dort wird sich das Leben abspielen.
Ich bin von Denkmalpflegern angefeindet worden, unter anderem auch von arrivierten Architekten, weil ich mich für das MQ eingesetzt habe, aber ich meine, Denkmalpflege ist ein öffentliches Interesse, daneben gibt es jedoch auch andere öffentliche Interessen. Und das Interesse der bestmöglichen Präsentation, der Republik und der Stadt, war für mich eine richtige Entscheidung. Und ich gehe weiter, denn ich mache mich für die gesamte Unterräumlichung des Maria-Theresien-Platzes stark, wiederum nicht zur Freude der Denkmalpflege. Hier besteht eine einzigartige Chance.

museums. Is this a function that you mourn both from the conservationist and the architectural points of view?
The 'open-air foyer' that is now being provided by the main courtyard is not to be compared with a foyer à la Louvre pyramid, neither as a type, nor in terms of its function.

The architect is being called upon to realise sensible solutions, the demands of the user. The large foyer would have been the most attractive use in conservationist terms. However if you look at the building costs, though, I would estimate the expenditure on the historic zones at 80 million schillings. So it would have been a foyer costing 80 million schillings. Over the course of the planning process the funds became tighter. It was also part of the brief that the large shared foyer was no longer considered desirable. It would have been inappropriate in terms of the proportion of surface involved too. They would have had a foyer that had a larger floor plan than the Kunsthalle (arts centre) behind it.

There are few comparable renovations of this scale anywhere in Europe. The Berlin Museumsinsel would be one such project. The brief was different in the Louvre. How would you position the complete Wehdorn-Ortner & Ortner project in this international context?

It was not "Wehdorn-Ortner & Ortner" who realised the MQ, it was a big team. It was initiated, though, by political decisions; it was launched with a procedure that was perhaps, on hindsight, somewhat unfortunate. On the other hand, we all know that many major projects have a history of ten years. The decision was a matter of political will. Our politicians probably did a lot wrong but with this issue people realised that the MQ was the right place to put a large contemporary art museum. Luckily it's not just museums though. Incidentally, what I find so good about the design by Laurids and Manfred Ortner is, among other things, the large steps that lead to the museums and that were subject to a great deal of discussion. We all know that that's where things will happen. I have made enemies of the preservationists among others, also of established architects because I invested my energy and time in the MQ, but I consider conservation to be in the public interest. Other public interests exist too. And to be interested in the best possible presentation of the Republic and the city was a significant decision I made. And I take this a step further as I am dedicated to the idea of subterranean space underneath the whole of Maria-Theresien-Platz, again to the dismay of other conservationists. There is a unique opportunity here.

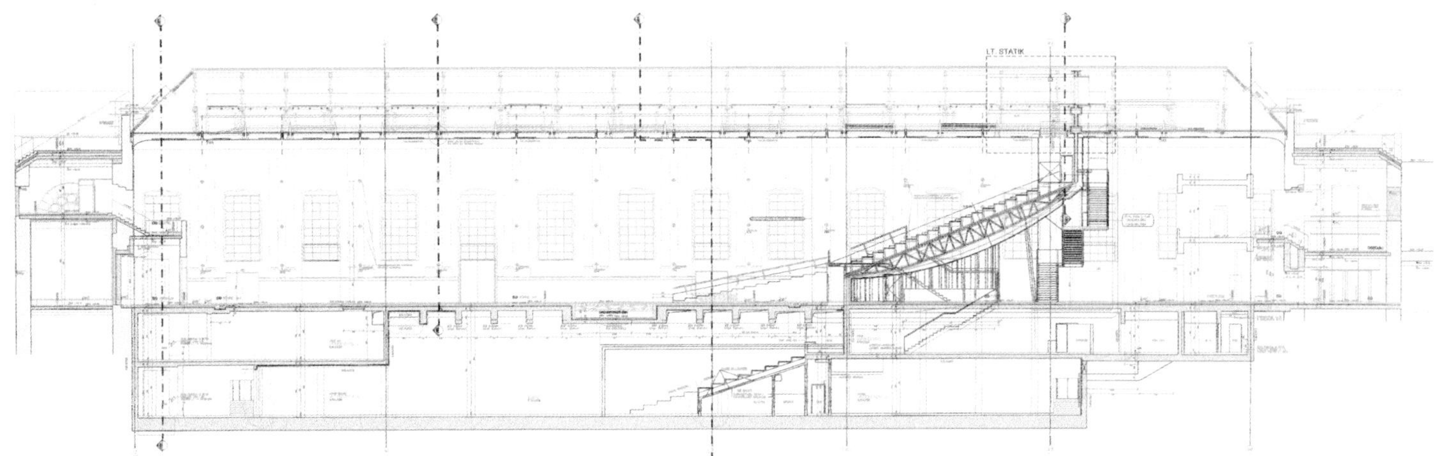

Veranstaltungshalle in der ehemaligen Winterreithalle: Schnitt |
Multipurpose hall in the former Winter Riding Hall: sections

*Damit sprechen Sie auch die städtebaulichen Defizite der
jetzt realisierten Variante an, weil ja die Anbindung an die
umliegenden Bezirke fast nur Provisorien sind. Zum siebten
Bezirk gibt es zunächst nur eine Stiege, zur Mariahilfer Straße
nur einen schmalen Durchgang, zum Volkstheater kommt man
überhaupt nicht und zum Maria-Theresien-Platz nur über
einen Highway.*

Rund um das MQ gibt es einen unwahrscheinlichen städte-
baulichen Nachholbedarf, den Politiker zu verantworten haben.
Wenn ich diese vorher gelobt habe, dann muss ich sie jetzt
kritisieren. Denn die Notwendigkeit der städtebaulichen
Einbindung war spätestens mit Baubeginn nachvollziehbar.
Ortner & Ortner und ich haben immer darauf hingewiesen.
Das ist kein Architektendefizit, sondern liegt in der politischen
Verantwortbarkeit, ein politisches Versäumnis. Wir können nur
hoffen, dass es durch das drohende Verkehrschaos relativ
rasch zu Lösungen kommen wird.
Die Gedanken zur Unterräumlichung sind schon länger da, nur
jetzt ist die Zeit reif dafür: eine ideale Fläche für die beiden
bestehenden Museen, für das MQ und zur Vermarktung der
Restflächen als eine Art Kultur-Shopping Center, denn wie wir
wissen, wird das Geld in den Museumsshops gemacht.
Der Schlussstrich für mich – auch bei diesem Projekt – ist:
Wäre ich zehn Jahre jünger, würde ich in die Politik gehen.
Realisieren können Sie nur, wenn Sie die Politiker auf Ihrer
Seite haben.

*Mit dem Quartier 21 ist gerade der Umbau des Fischer von
Erlach-Trakts voll in Gang, zu dem auch junge Architekten-
gruppen zur Gestaltung eingeladen wurden.*

Obwohl es meine Arbeit nicht leichter macht, war ich von
Anfang an dafür, schon im Sinne der Vielfalt. Und da werden
Dinge entstehen, zu denen ich im Innersten nicht immer ja
sage, aber letztendlich sind das wiederum temporäre Einbauten. Und wie es mit Innenausstattungen einmal ist, die wechseln mit der Zeit. Und ich halte es für unheimlich spannend,
dass im ältesten Teil das Neueste passiert. Das finde ich einfach schön.

*There is also an allusion here to the planning deficits of the
version currently being realised because any annexation to the
surrounding districts is almost entirely provisional in nature.
For the time being there is only a small staircase to the
Seventh District, only a narrow passage to Mariahilfer Strasse,
no access at all to the Volkstheater and a main road has to be
crossed to get to Maria-Theresien-Platz.*

There is an incredible planning deficit in the vicinity of the MQ,
and the politicians are to blame for it. If I praised them earlier,
then I have to criticise them now. Because at the very latest
the necessity for the integration of the development by the
planners was evident when building work started. Ortner &
Ortner and I always referred to it. It isn't a deficit in the
architecture, but a question of political accountability, the
result of neglect by the politicians. We can only hope that a
solution will be found relatively quickly due to the ensuing
threat of traffic.
The idea for the subterranean spaces is by no means a new
one, but now is the right time to go ahead. It's an ideal
surface for the two existing museums, for the MQ and for
the marketing of the remaining surface as a kind of culture
shopping centre, for as we know the money will be made in
the museum shops.
The bottom line for me – with this project, too – is: If I was ten
years younger, I'd go into politics. You can only have projects
realised if the politicians are on your side.

*With the Quartier 21 the conversion of the Fischer von Erlach
tract is currently in full swing and the younger generation of
architect groups have been invited to work on the design.*

Even though it doesn't make my work any easier, I was in
favour of that from the outset, if anything because of the
diversity it offered. And things are going to be realised there
that I do not always entirely condone deep down, but at the
end of the day these are only temporary fittings. And as is t
he case with interiors, they change with the times. And that's
something I find unbelievably exciting, that the newest things
are happening in the oldest part of the building. I simply find
that attractive.

117

Erweiterung im Altbestand und Einbau eines Cafés von Lacaton & Vassal | Extension in the existing substance and the insertion of a cafeteria by Lacaton & Vassal
Orientalische Beziehungen | Oriental Relationships

Das Architektur Zentrum Wien ist eine besondere Institution am Ort. Nicht nur weil es durch die selbstgewählte Aufgabenstellung der Reflexion und Dokumentation von Architektur in einer besonderen Beziehung zu den gebauten Architekturereignissen zwischen Fischer von Erlach und Ortner & Ortner steht, sondern auch, weil es in diesem Komplex zu einem wichtigen Verknüpfer mit der internationalen Debatte werden kann. Immerhin zählt es personell und flächenmäßig zu den größten einschlägigen Institutionen Europas. In den neuen, erweiterten Räumen ist sowohl ein Vollausbau zu einem Architekturmuseum möglich (entsprechende Sammlungsbestände akkumulieren sich zusehends) als auch die Weiterführung der bisherigen Strategie einer Plattform zur Untersuchung zeitgenössischer Bauphänomene. Es ist kein Zufall, dass der Gründer und Leiter des Architekturzentrums, Dietmar Steiner, in seiner Funktion als Mitautor des Programms der Zweiten Stufe des MuseumsQuartier-Architekturwettbewerbs ein Anwalt der Funktionsvielfalt und der nicht auf bauliche Repräsentation hin orientierten Institutionen war. Auch die Räume des Architektur Zentrums setzen in einer gewissen Logik nicht auf „Architektur" (die ja schon dem Frankfurter Architekturmuseum zum Verhängnis wurde), sondern präsentieren sich als nüchterne, grundsanierte historische Hallen, in deren Raumhülle erst durch Reflexion ein Bild dessen entsteht, was Architektur sein könnte. Und es ist konsequent, dass für die Gestaltung des Cafés Anne Lacaton und Jean-Philipe Vassal beauftragt wurden. Das Architektenduo aus Bordeaux hat sich mit seiner Philosophie des Bauens mit minimalstem Materialaufwand einen internationalen Namen gemacht. Die Interpretation des Phänomens „Café", noch dazu auf Wiener Boden, versprach daher besondere Spannung. Mit ihrer Bezugnahme auf den Orient haben Lacaton & Vassal eine kulturgeschichtliche Tiefenschicht angesprochen, die sowohl in bezug auf die zu Fischer von Erlachs Zeiten gerade überstandenen Türkenkriege als auch in bezug auf die multikulturelle Gesellschaft europäischer Metropolen Sinn macht. Matthias Boeckl sprach mit Anne Lacaton über Umstände & Hintergründe.

Ausstellungsinstallationen in der Alten Halle│
Exhibition installations in the Alte Halle (old hall)

The Architektur Zentrum Wien is a special institution on the site. Not only because, due to its self-imposed task of reflecting and documenting architecture, it has a special relationship to the architectural events that have occurred between Fischer von Erlach and Ortner & Ortner, but also because within this complex it can make important connections to the international debate. After all, as far as the numbers of staff and floor area are concerned, it is one of the largest institutions of its kind in Europe. In the new extended rooms it would be possible to have both a total development into a museum of architecture (appropriate collectors' items are being noticeably accumulated), and the continuation of the strategy to date, namely that of providing a platform for the examination of contemporary architectural phenomena. It is no coincidence that the founder and director of the Architektur Zentrum Wien Dietmar Steiner, in his function as co-author of the programme for the Second Stage of the architectural competition for the MuseumsQuartier, was an advocate of functional variety and of institutions that are not oriented towards architectural representation.

Even the spaces of the Architektur Zentrum, following a certain logic, they do not emphasise 'architecture' (which was the undoing of the Frankfurt Architekturmuseum) but rather present themselves as sober, thoroughly renovated historical halls, in whose spatial shell an image of what architecture could be arises first of all through reflection. And it therefore follows that Anne Lacaton and Jean-Philipe Vassal were commissioned to design the café. The two architects from Bordeaux have made a name for themselves with their philosophy of an architecture that has a really minimal material expenditure. The interpretation of the phenomenon of the 'café' – and on Viennese ground at that – therefore promised to be especially exciting. By making references to the Orient, Lacaton & Vassal have addressed a deep-seated level of cultural history, one which makes sense both in relation to the Turkish wars, which Vienna had only just survived at the time of Fischer von Erlach, and to the multicultural society of major European cities. Matthias Boeckl spoke to Anne Lacaton about the circumstances and the background.

Sie entwerfen das Café des Architekturzentrums im Wiener MuseumsQuartier. Was können Sie über Ihren Zugang zu diesem Projekt sagen?

Es ist eigentlich ganz einfach – jetzt. Aber es war die längste Zeit gar nicht einfach, wir haben an diesem Projekt zwei Jahre lang gearbeitet. Das hat sich aber auch aus dem Zeitplan ergeben, der keine sofortige Aktion gefordert hat. Der erste Eindruck war, dass das MuseumsQuartier aus ziemlich großen Bauten besteht, die sehr beeindruckend wirken, wenn man die Anlage betritt. Es gibt große Blocks, die Architektur ist zwar nicht akademisch, aber auch nicht sehr weit davon entfernt. Wir dachten lange darüber nach, wie ein Café an diesem Ort aussehen könnte und vor allem auch darüber, wie ein Café in Wien aussehen könnte. In diesem Falle wird es ja nicht von Wiener Architekten gemacht, und als das Architekturzentrum uns einlud, das Café zu entwerfen, dann wohl deshalb, um eine „andere" Idee eines Kaffeehauses zu realisieren, nicht den traditionellen lokalen Typus. Als Reaktion auf die großen Baukörper hatten wir die Idee, etwas sehr Leichtes zu machen, etwas sehr Erfrischendes. Wir hatten auch die Idee des türkischen Cafés, wo man sehr bequem sitzt, und sehr lang dort sitzen und reden kann. Hier hatten wir ein Ziegelgewölbe, und die Projektidee ist es einfach, in diesen Raum einen „Himmel" zu hängen. Dieser Himmel wird in Keramik ausgeführt, in orientalischer Keramik. Es war harte Arbeit, die richtige Form zu finden. Wir haben in Büchern recherchiert und Beispiele in der Türkei studiert. Es kommt nicht häufig vor, dass Gewölbe in Keramik bekleidet werden. Häufiger gibt es Keramikwände, und die Decken sind gemalt. Daher war es schwierig, die Teile herzustellen.

Was waren die technischen Gründe dieser Schwierigkeiten?

Das weiß ich nicht, aber es wird jedenfalls ein überraschendes und subtiles Ergebnis sein. Wir haben den bestmöglichen Entwurf dafür gefunden und vorher viele Versuche unternommen. Am Anfang haben wir das Bild eines marokkanischen Mosaiks gehabt. Dieses Bild haben wir lange Zeit sehr ansprechend gefunden. Aber in der weiteren Entwicklung und der Ausführungsplanung des Projekts haben wir herausgefunden, dass es möglich war, ein „Mosaik" in türkischer Technik zu realisieren, die ganz anders ist. Marokkanische Mosaike werden in kleinen gefärbten Teilen ausgeführt, aus denen man dann etwas wie Malerei anfertigt. Aber die türkischen Keramikplatten sind quadratisch und man bemalt sie direkt. Also mussten wir den Entwurf grundlegend ändern, nicht jedoch die Idee. Wir haben in Istanbul einige Fabriken besucht und

You are designing the café for the Architekturzentrum in the MuseumsQuartier. What can you tell me about your approach to this project?

It's really quite simple – now. But for a long time it was far from being simple, we have been working on this project for two years. This was the result of the time plan, though, which didn't require any immediate activity. My first impression was that the MuseumsQuartier was comprised of fairly large buildings that were very impressive when you walked into the complex. There are large blocks; the architecture may not be academic but it isn't far from it. We spent a long time thinking about what a café here could look like, and above all about what a café could look like in Vienna. This time it wasn't going to be built by Viennese architects. And when the Architekturzentrum Wien invited us to design the café then presumably because they wanted a 'different' idea of a coffee house to be realised, not the traditional local type. As a reaction to the large volumes, we had the idea of making something very light, something very refreshing. We also had the idea of a Turkish coffee house, where people sit very comfortably, and can sit around talking for a long time. We had a brick vault here, and the concept for the project was simply to hang a 'sky' in this space. This sky is to be made of oriental tiling. It was hard work to find the right form. We researched in books and studied examples in Turkey. Vaulting is not very often clad in ceramics. Tiled walls are more common, and the ceilings are painted. So it was difficult to produce the elements.

What were the technical difficulties?

I don't know. But at all events, the results are going to be surprising and subtle. We have found the best possible design for it, and carried out several experiments. At the outset we had the image of a Moroccan mosaic. We found that an attractive image for quite a while. But as things developed and in the working drawings we found out that it was possible to carry out a 'mosaic' using Turkish techniques, which are completely different. Moroccan mosaics are made of small coloured pieces out of which something like painting is produced. But the Turkish tiles are square and painted directly. So we had to radically change our design, but not the idea behind it. We visited a few factories in Istanbul and eventually found a young Turkish artist who could carry out the design.

Is she going to be in Vienna when it is put together?

Lacaton & Vassal: Einwölbung des Cafés in türkischer Keramik|
Vaulting of the café in Turkish tiles

schließlich eine junge türkische Künstlerin gefunden, die das Design machte.

Wird sie bei der Ausführung in Wien dabei sein?

Das hoffe ich. Wir haben sehr eng zusammengearbeitet. Zu Beginn hat sie eine völlig andere Zeichnung gemacht als unser eigener erster Entwurf. Es war schwierig, das zu ändern, aber langsam schafften wir es, näher an die Idee eines Himmels heranzukommen.

Wie wird die Möblierung aussehen?

Das steht jetzt, im Mai 2001, noch nicht fest, aber es wird wahrscheinlich eine sehr einfache Einrichtung mit Tischen sein, die das Blau reflektieren. Zur Zeit werden die Werkzeichnungen für die Keramik in Istanbul ausgeführt.

Wird es Serienmöbel geben oder eigens angefertigte?

Es werden Serienmöbel sein, weil es nur ein kleines Budget gibt. Oft glaubt man, etwas besser machen zu können. Aber bei Möbeln kann man nichts mehr verbessern, alle Funktionen und Typen existieren bereits. Wir werden die richtigen Möbel finden.

Die türkische Assoziation hat viel mit Fischer von Erlachs alten Hofstallungen zu tun, da sie wie viele andere kaiserliche Barockbauten in Wien in der Aufbauphase nach der Türkenbelagerung entstanden.

Ja, wir haben gewusst, dass die türkischen Eroberungszüge hier in Wien aufgehalten wurden und dass das wichtig für Wien war. So begann auch eine Idee. Es ist wichtig, Elemente zu verwenden, die aus einem anderen Teil der Welt stammen – viel besser als immer nur das zu tun, was man ohnehin schon kennt.

Ist es für einen heutigen Architekten wichtig, die vielen verschiedenen kulturellen Prozesse zu kennen, die uns umgeben?

Ja natürlich. Ich weiß zwar nicht, ob unser kleines Projekt eine solche Bedeutung erlangen wird. Für uns ist es aber wichtig, zumindest zu sagen, dass Architektur nicht etwas Feststehendes ist. Man hört oft von gutem und schlechtem Geschmack, von gutem und schlechtem Material. Wir sind sicher, dass es das nicht gibt. Jedes Material kann interessant sein, und man kann auch mit Luxusmaterialien schlechte Effekte erzielen. Das gleiche gilt für Ideen. Es gibt keine schlechten Ideen, sondern es kommt auf die Art an, wie man sie anwendet.

I hope so. We collaborated very closely. In the beginning she drew something entirely different from our first design. That was difficult to change, but we slowly succeeded in getting something approaching the idea of a sky.

What is the furniture going to look like?

It hasn't been decided on yet (May 2001), but there will probably be very simple furniture with tables that reflect the blue. At the moment the working drawings for the tiles are being completed in Istanbul.

Will the furniture be mass produced or specially made?

It will be mass produced furniture as we only have a very small budget. You often think that you can make something better. But with furniture there is nothing left to improve on, all the functions and types already exist. We'll find the right furniture.

The Turkish associations have a lot to do with Fischer von Erlach's old stables, because like many of the other imperial baroque buildings in Vienna they were completed in the period of rebuilding following the siege by the Turks.

Yes, we knew that the invading Turkish army was stopped here in Vienna and that that was significant for the city. It was the germ for an idea. It is important to use elements that stem from other parts of the world – far better than always only doing what you already know.

Is it important for contemporary architecture to know the various cultural processes that surround us?

Yes, of course. I don't really know whether our little project will achieve that kind of significance. But it's important to us to at least say that architecture is not something fixed. You hear a lot about good and bad taste, about good and bad materials. We are convinced that that doesn't exist. Every material can be interesting, and you can produce bad effects with luxury materials. The same goes for ideas. There aren't any bad ideas, it just depends on the way that they are applied.

Neue Halle

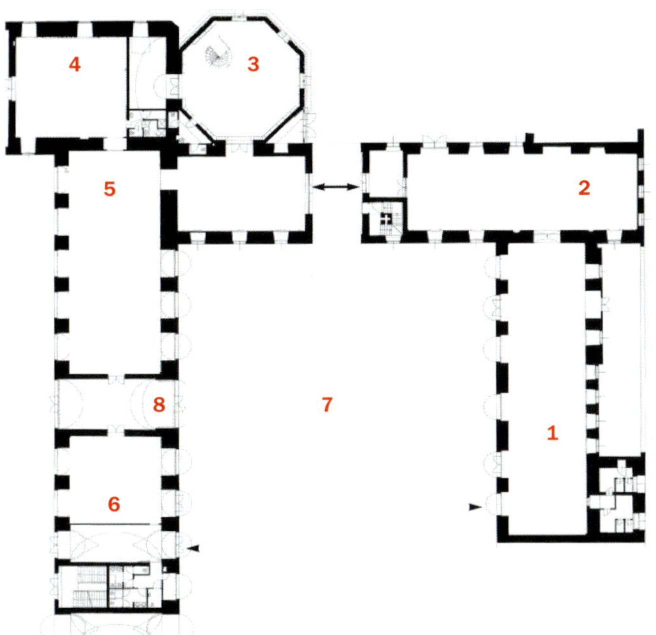

Oktogon

1 Alte Halle

2 Podium

3 Oktogon | octagon

4 Werkstatt | workshop

5 Neue Halle

6 Cafeteria

7 Hof der Architektur |
  Architecture Courtyard

8 Haupteingang |
  Main entrance

Baustelle MuseumsQuartier|
Building Site MuseumsQuartier

Von|by Gabriele Kaiser & Andrea Nussbaum

Ja, hinter der barocken Fassade verbirgt sich etwas. Zur Eröffnung der Neubauten des MuseumsQuartiers im Sommer 2001 existiert vieles davon zwar nur auf Papier, digitalen Speichermedien und in den Köpfen der Architekten bzw. Betreiber, aber gerade dieser Mix der unterschiedlichsten kulturellen „Implantate" – das hat bereits die jahrzehntelange Vorgeschichte am Areal gezeigt – wird die Anziehungskraft des neuen MQ's akzentuieren, liegen doch die Stärken des Wiener Kulturkomplexes im Vergleich zu anderen großen Kulturinstitutionen wie der Tate Modern in London oder dem Louvre in Paris gerade in den heterogenen Zwischenräumen. Als Plattform verschiedenartiger Ansätze, Positionen und Ziele nisteten sich viele der „kleinen" Einrichtungen von Beginn an in der „Kulturbaustelle" MQ ein: das Kindermuseum ZOOM gehört ebenso dazu wie das Architektur Zentrum Wien, das Depot, die basis wien oder die Public Netbase. Während den letztgenannten bislang noch keine neuen Räume im Fischer-von-Erlach-Trakt zugewiesen wurden, wird sich etwa das Kindermuseum mit Herbst 2001 im neuen und erweiterten baulichen Rahmen präsentieren. Anderen „Kleinen" ist – entgegen der bewährten Tradition der Direktauftragsvergabe am Gelände (wie für die Cafeteria des AZW, dem Depot) – im Rahmen von „Kunst auf der Baustelle" ein Gestaltungswettbewerb vorangegangen. Der architektonische Auftritt der zukünftigen Kulturbuchhandlung in einer Ovalhalle im Fischer von Erlach-Trakt, die Neugestaltung des Glacis-Beisls, die Vorschläge für die Ausstattung der Künstlerateliers oder die räumliche Intervention einer temporären Aussichtsplattform wurden jeweils im Wettbewerbsverfahren mit drei Geladenen ermittelt. Und so bleibt zu hoffen, dass die sich verdichtenden „Implantate", ergänzt durch die Struktur des künftigen „Quartier21", als Fundament für wechselnde zeitgenössische Kunst dafür sorgen werden, dass das MQ auch nach seiner offiziellen Eröffnung in seiner Programmatik weiterhin – als Voraussetzung für kulturelle Vielfalt – als Ort des permanenten Umbaus verstanden werden kann.

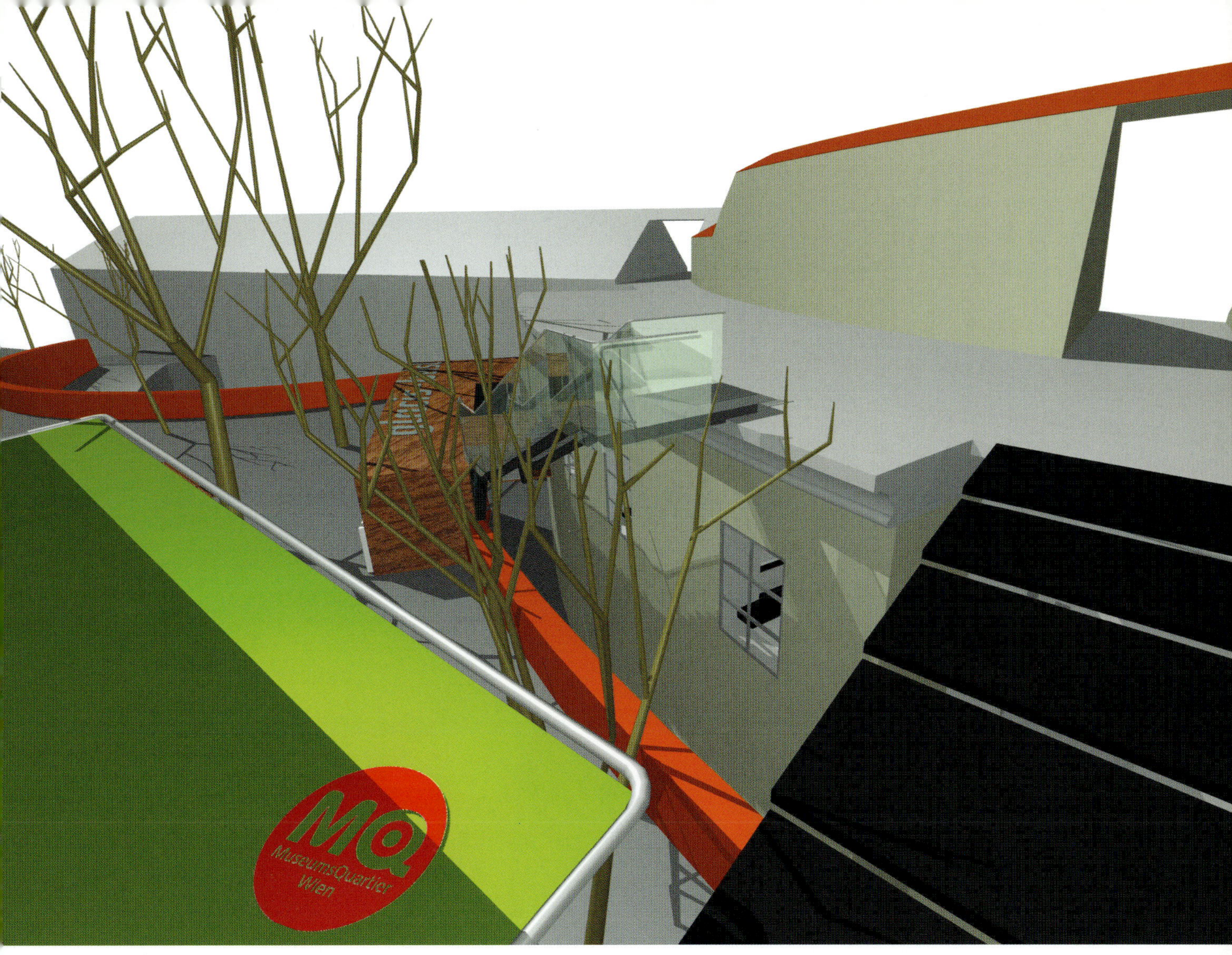

Yes, there is something concealed behind the baroque facade. At the opening of the new buildings of the MuseumsQuartier in summer 2001 much of it only existed on paper, digital storage media and in the minds of the architects or clients, but precisely this mix of the most diverse cultural 'implantations' (as the use of the grounds has shown during its ten plus years of history) will accentuate the attractivity of the new MQ. However the strengths of the Viennese culture complex compared to other large culture institutions, such as the Tate Modern in London or the Louvre in Paris, lies in the heterogeneous gaps left over. As a platform for the most varied kinds of approaches, positions and aims nestled in many of the 'little' facilities on the 'cultural building site' from the very beginning: The ZOOM children's museum belongs to it just as much as does the Architektur Zentrum Wien, Depot, Basis Wien or Public Netbase. While the last mentioned of the above has not yet been allocated a new space in the Fischer von Erlach tract, from Autumn 2001 the children's

museum, for instance, is to be presented within a new and extended structural framework. Contrary to the here quasi-traditional direct granting of leases by the management of the grounds, other 'small ones' were the subject of the Kunst auf der Baustelle (Art on the Building Site) competition. The architectural performance of the prospective culture bookshop in an oval hall inside the Fisher von Erlach tract, the redesign of the Glacis Beisl (traditional restaurant), the proposals for the interiors of the artists' studios or the spatial intervention of a temporary viewing platform were each arrived at by means of competitions each held between three competing architects' studios. And so it remains to hope that those 'implantations' which are starting to manifest themselves on the grounds, supported by the structure of the planned Quartier 21, will ensure that in terms of its programme the MQ can continue to be seen as a place of a permanent process of adaptation even after its official opening. After all, that is one of the prerequisites of cultural diversity.

ZOOM Kindermuseum | ZOOM Children's Museum
pool, as_architecture, zee

Nach sieben programmreichen Jahren im Quartier erweitert das ZOOM Kindermuseum mit Herbst 2001 seinen vielfältigen Spielraum. Die Gesamtstruktur der Institution – Foyer, Auditorium, rund 560 m² Ausstellungsfläche und die vorgelagerte Infrastrukturzone mit Jausenraum, Künstlerateliers, Toiletten und Büros – wird von der Architektengruppe **pool** gestaltet. Für die Ausgestaltung des Kleinkindbereichs hat das Kindermuseum das holländische Team **zee** beauftragt. Im Entwurf für das Medienlabor, dessen hochtechnisierte Ausstattung exakt auf die komplexe Anforderung zugeschnittene Möbel benötigt, bereichert die funktionierende Zusammenarbeit zwischen den planenden Teams (**as_architecture** und **pool**) die Gesamtlösung. Die Scanstationen und „assemble tables" (digitale Spieltische, die durch die Ambivalenz zwischen der Härte des Screens und Weichheit der gepolsterten Fassung haptisch äußerst reizvoll sind) werden Teil der Architektur des Labors und treten mit dem Umfeld in eine stimmige Beziehung. Die blaue Grundfarbe der Möbelmodule wird weiter aufgegriffen und taucht auch in anderen Bereichen des ZOOM immer wieder auf. Dieses Blau passt perfekt zur maritimen Atmosphäre des Kleinkinderbereichs, der dem Thema „Ozean" gewidmet ist. Eine große Fisch-Schiff-Skulptur bildet das verspielte Gegenstück zum digitalen Labor. Hier dominieren die vielfältigen Möglichkeiten von Bewegung und sinnlicher Wahrnehmung von Raum und Material. Die Kinder können im „Fischbauch" toben oder das „Schiffsdeck" erobern, während sich die Eltern vermutlich unter einen Sonnenschirm am „Strand" zurückziehen werden.

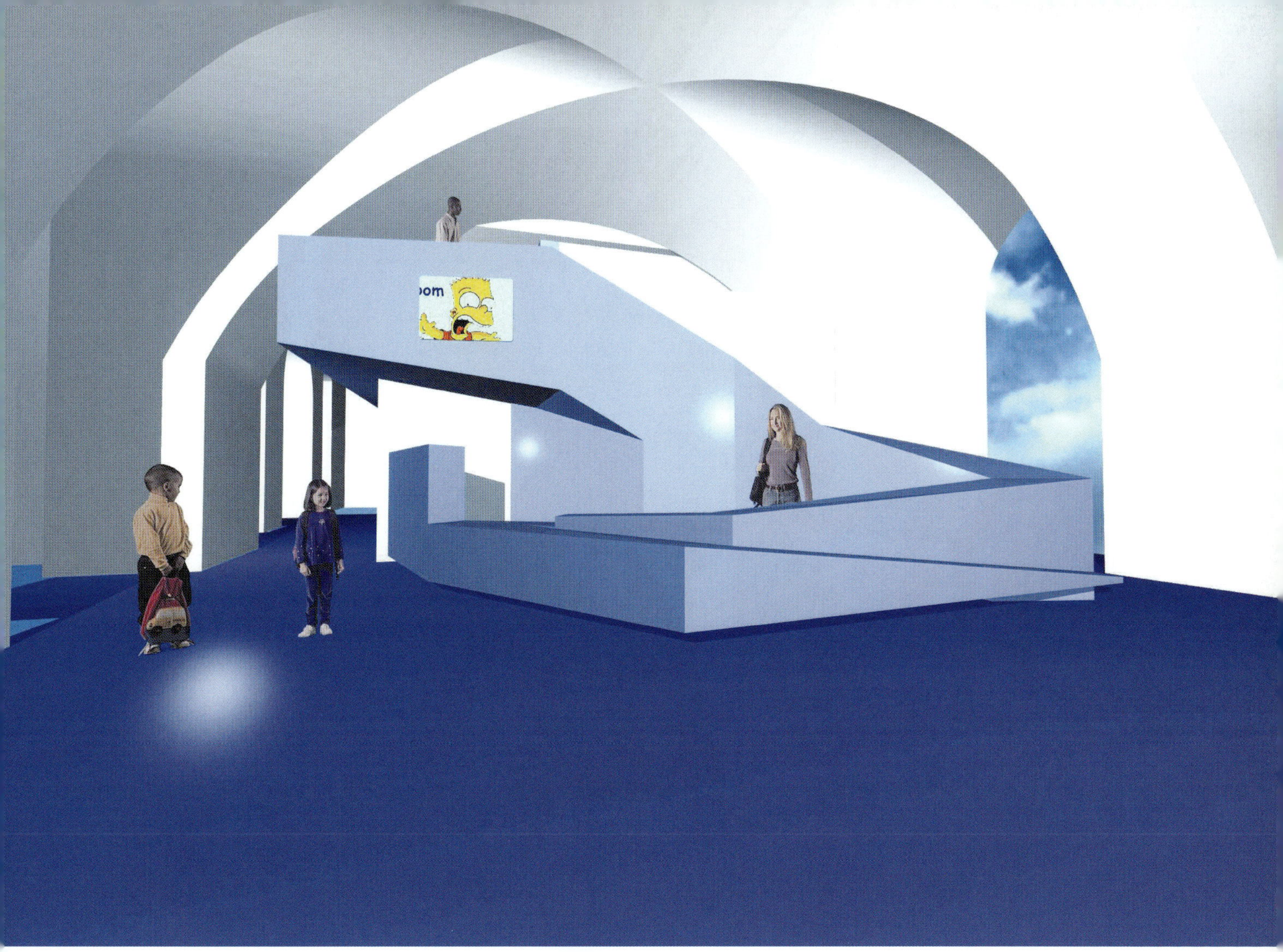

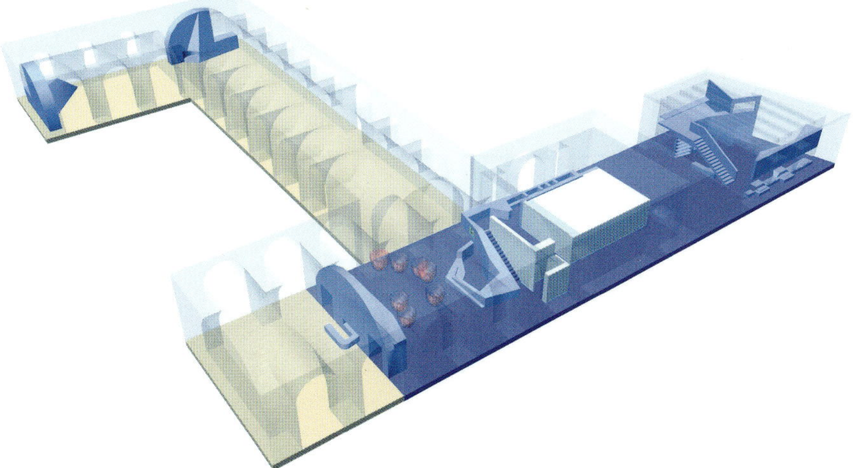

After seven years with a rich programme in the Quartier, the ZOOM children's museum is extending its varied space from Autumn 2001. The entire structure of the institution (a foyer, the auditorium, approx. 560m² of exhibition space and the infrastructure zone set to the front with a space for snacks, artists' studios, WCs and offices) is being designed by the group **pool**. The Dutch team **zee** has been commissioned with the design of the zone for small children. Inside the media laboratory, for which the state-of-the-art hi-tech equipment requires furnishings that are precision-made to fit the complex demands, a functioning collaboration between the teams responsible for the planning (**as_architecture** and **pool**) is to prove the decisive factor in enriching the overall concept. The scanning station and 'assembled tables' (in a tactile sense, extremely attractive digital tables for playing on due to the ambivalence presented by the hardness of the screens and the softness of their upholstered frames) become a part of the architecture of the laboratory and enter into a harmonious relationship with the surroundings. Blue is the basic colour for the furniture modules and recurs often elsewhere in ZOOM. This blue perfectly matches the maritime atmosphere of the area for toddlers, which is dedicated to the theme of the ocean. A large fish-ship sculpture forms a playful counterpoint to the digital laboratory. Here the large variety of opportunities for movement and the sensual perception of space and materials is predominant. The children can carouse in the fish's stomach or seize control of the ship's deck while their parents, one presumes, will retreat to the shadow offered by one of the sunshades on the 'beach'.

Kleinkindbereich gestaltet von zee |
Small children's area designed by zee

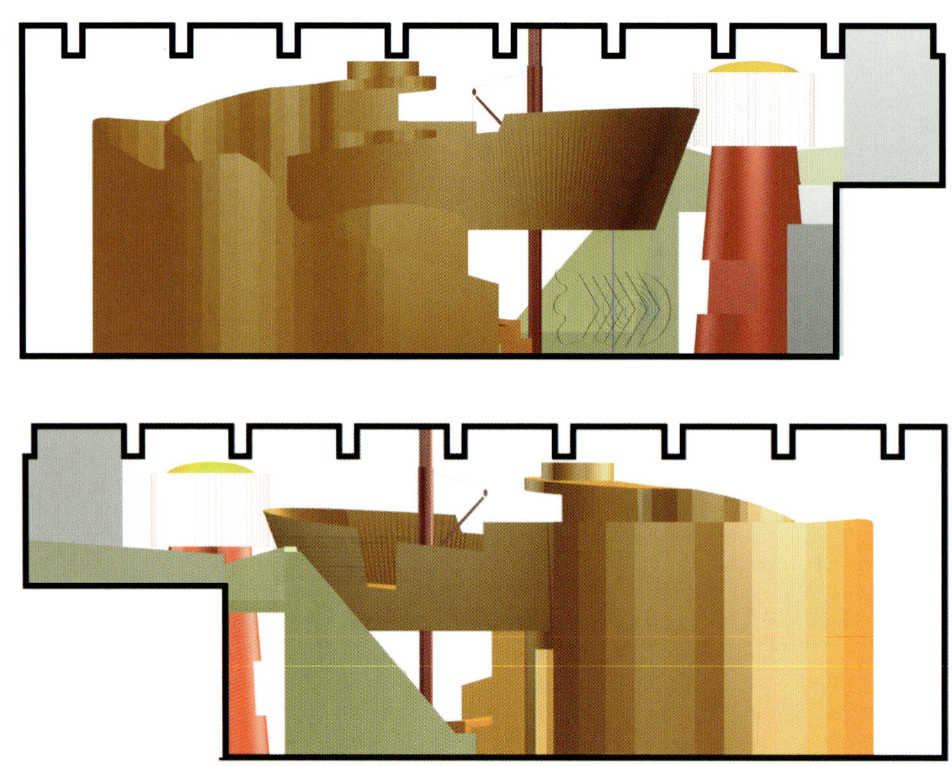

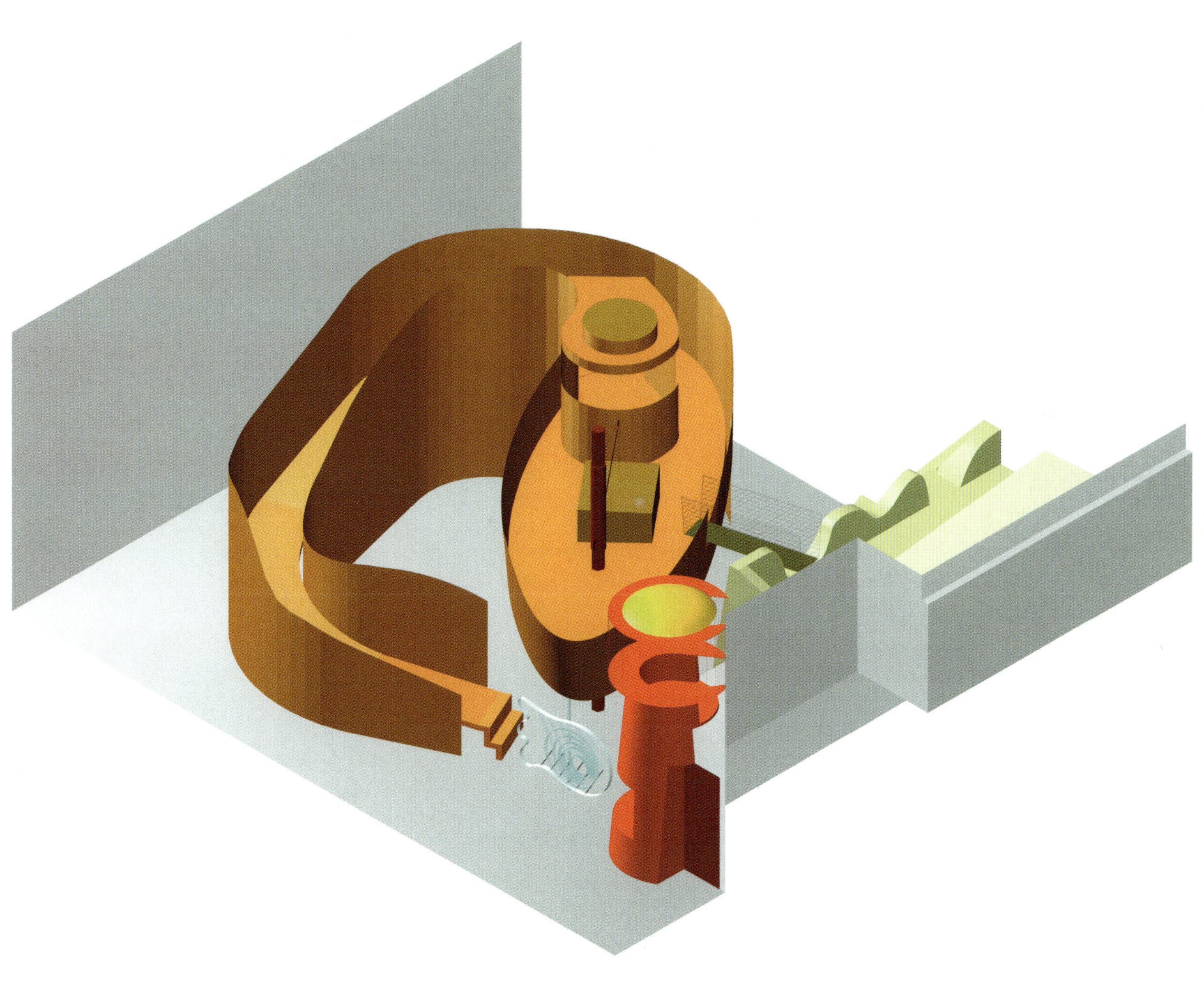

ZOOM Kindermuseum
Neugestaltung und Erweiterung der Räumlichkeiten im Fürstenhof
Redesign and Extension of the Space in the Fürstenhof
Planung Gesamtstruktur│Planning, overall structure **pool (Christoph Lammerhuber, Axel Linnemayr, Florian Wallnöfer, Evelyn Wurster)**
Medienlabor│Media Laboratory **as_architecture (Judith Augustinovic, Herbert Stattler)**
Mitarbeit│Assistance **Mathias Reisigl**
Entwurf im Auftrag der **uma technology information AG**│Design commissioned by **uma technology information**
Kleinkindbereich│Small children's area **zee**
Fertigstellung│Completion **Herbst Autumn 2001**

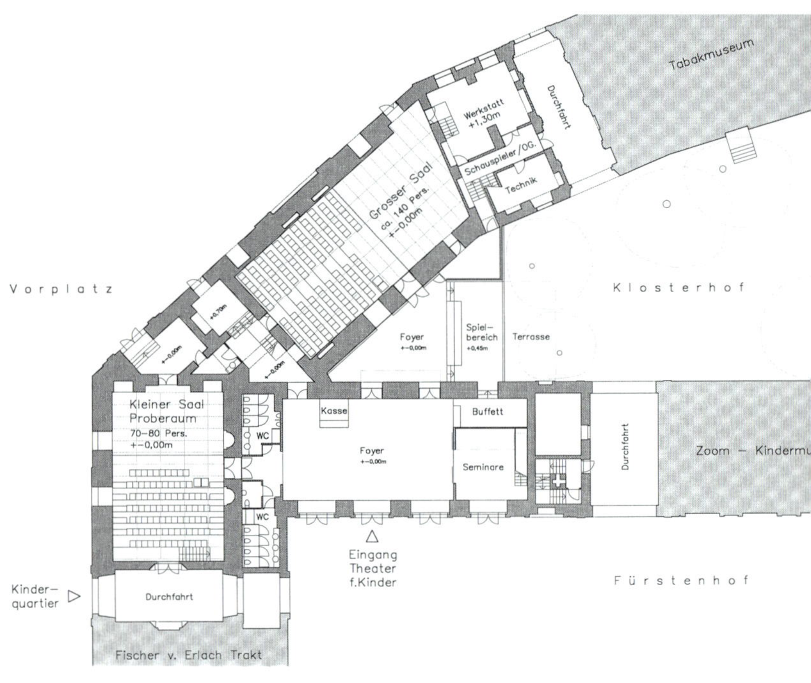

Theaterhaus für Kinder | Children's theatre
Willi Frötscher

Im Theaterhaus für Kinder, als neuer Hofnachbar des ZOOM Kindermuseums in die Räume des ehemaligen Residenzkinos eingezogen, werden ab 2002 Produktionen der freien österreichischen Theaterszene, internationale Gastspiele und Co-Produktionen für Kinder zwischen 4 und 12 über die Bühne gehen. Das Raumprogramm umfasst neben den Bereichen für Künstler und Technik einen Aufführungsraum für ca. 140 Zuschauer, einen multifunktionalen Proberaum für ca. 80 Personen und einen Seminarraum mit angeschlossenem Archiv und Mediathek. Die Erschließung erfolgt über den Fürstenhof, der Foyerbereich (mit dreieckiger Erweiterung in den Klosterhof) wird in seiner differenzierten Form auch dem Ansturm mehrerer Schulklassen gerecht. Im Bereich der denkmalgeschützten Altbaustruktur musste die Grundidee einer annähernd quadratischen Blackbox zugunsten eines gerichteten, tonnenüberwölbten Theatersaales abgeändert werden. Die Verwaltungsräume (ca. 120 m²) werden wahrscheinlich im zweiten Obergeschoß des Mariahilferstraßentraktes angesiedelt werden.

From 2002 on performances are to be held for children between the ages of 4 and 12 in the children's theatre, which has moved into the space of the former Residenzkino cinema to become ZOOM's new neighbour in the same courtyard. These are to be productions by the touring Austrian theatre groups, international guest performances and co-productions. Alongside the zones for artists and technical equipment, the spatial agenda comprises an auditorium for 140 people, a multifunctional rehearsal space for approx. 80 people and a seminar space with an adjacent archive and a multimedia library. Access is via the Fürstenhof courtyard; with its differentiated form the foyer area (with a triangular extension into the Fürstenhof) will also be able to cope with inundation by several classes of schoolchildren at once. In the area of the listed old building the original concept envisaging an almost square black-box had to be changed to accommodate a renovated barrel-vaulted theatre auditorium. A space for the administration has not yet been designated (approx. 220m²) but could conceivably be housed on the second floor of the Mariahilfer Strasse tract.

Theaterhaus für Kinder
Klosterhof/Fürstenhof
Planung | Planning **Willi Frötscher**
         im Auftrag der Nutzer | commissioned by the user
Mitarbeit | Assistance **Helmut Frötscher**
Initiator **Christian Pronay**
Geplante Fertigstellung | scheduled completion **2002**

Tanzquartier
Willi Frötscher

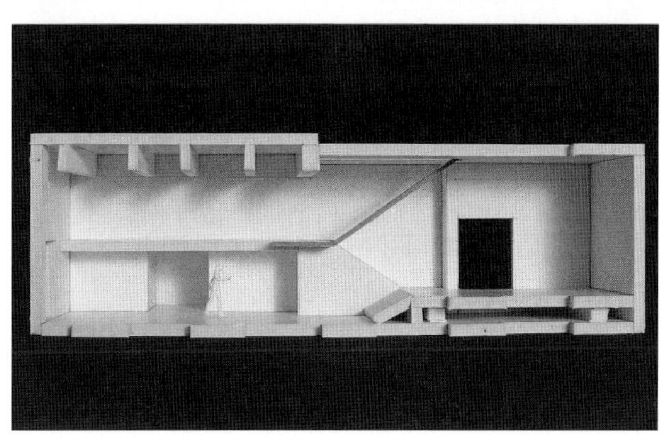

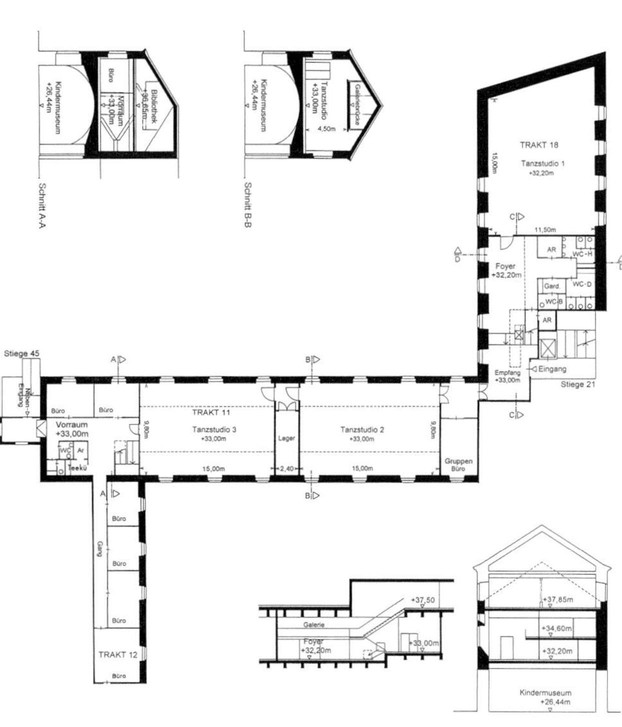

Auch für die Entwurfspläne des Tanzquartiers waren die bestehenden Strukturen als charakterbildende Entwurfsdominanten zu akzeptieren. Ihre Verbindung mit den neuen Einbauten von Willi Frötscher (eingezogene Zwischenebenen) wird von außen kaum wahrnehmbar sein, im Inneren jedoch wird die totale Neuorganisation der Funktionen mit einem Blick kenntlich. Der Studiokomplex bzw. das Informationszentrum des Tanzquartiers werden vom Großen Hof erschlossen. Das Raumprogramm sieht drei Tanzstudios (im ehemaligen Haferspeicher sowie im Trakt 11) vor, die jeweils beidseitig über bestehende Fenster belichtet und natürlich belüftet sind. Das Informationszentrum mit Bibliothek und Videothek wird in einem Dachraum über dem Verwaltungsbereich eingerichtet.

In the planning of the Tanzquartier the existing structures had, as elsewhere, to be accepted in the design as the dominant characterising elements. Their connection with the new insertions by Willi Frötscher (added levels) will hardly be appreciable from the outside, however from inside the total reorganisation of the functions will be visible as such at a single glance. The studio complex and the information centre of the Tanzquartier are accessed from the main courtyard. The spatial agenda envisages three dance studios (in the former oat store as well as in Tract 11), each of which is naturally lit and ventilated by existing windows on both sides. The information centre with a library and video library are to be installed in an attic space over the administrative zone.

Tanzquartier
Spielstätten und Studiokomplex im Fürstenhof
Planung | Planning **Willi Frötscher**
im Auftrag der Nutzer | commissioned by the user
Mitarbeit | Assistance **Helmut Frötscher**
Fertigstellung | Completion **Herbst | Autumn 2001**

Künstlerateliers im Ovaltrakt | Artists' Studios in the Oval Tract

Ein Wettbewerb im Auftrag der MQ-Errichtungsgesellschaft für acht Wohnateliers im Dachgeschoß des MQ-Ovaltraktes, die in Zukunft auswärtigen Künstlern temporär zur Verfügung stehen sollen, sollte adäquate Einrichtungslösungen bringen. Da beide ausgearbeiteten Vorschläge von der Jury als in sich schlüssig und konzeptionell interessant anerkannt wurden, fiel der einstimmige Beschluss, beide Teilnehmer, Heimo Zobernig und Helmut + Johanna Kandl um die Realisierung von provisorischen Musterateliers vor Ort zu bitten.

Heimo Zobernig
Zobernigs Einrichtungsvorschlag reicht vom Boden (Industrieestrich), über Möbel (auf Rollen) und Jalousie (aus Aluminiumlamellen) bis hin zum Abfalleimer (schön und groß). Die Auswahl der Möbel ist strikt gebrauchsorientiert, fast alle Stücke sind als Fertigprodukte über diverse Großmärkte zu beziehen. Ästhetisch lebt der Raum aus der Ambivalenz zwischen Wohnen und Arbeiten. Auffallend und in Hinblick auf den wechselnden Gebrauch sehr konsequent ist die Betonung des Mobilen (mobile Stellwand, fahrbare Kleiderstange, Bett auf Rädern, PC auf Rollgestell, mobiles Universalmöbel). Heimo Zobernig: „Mein Entwurf für die Einrichtung besteht in der Auswahl der notwendigsten Möbel, deren Art im wesentlichen der Moment des Gebrauchs bestimmt und die im Hinblick auf Resistenz gegen Verschleiß konzipiert sind. Eine Ästhetik der Konfrontation von Gestaltungsbeispielen aus Wohn- und Arbeitswelt. Der Atelierraum bildet das gemeinsame Gefäß für die einzelnen Elemente. Vielleicht besteht so die Möglichkeit, durch Konzentration auf die Mitte der dominanten, drückenden Dachschräge ein Gegengewicht zu bieten. Fast alles ist über diverse Großeinrichter zu beziehen (siehe Katalogbeispiele zur Ansicht)."

Helmut + Johanna Kandl
Der Einrichtungsvorschlag von Helmut + Johanna Kandl stellt das Alltägliche und eine gewissen Normalität mit dem Ziel der Unterstützung des Eindrucks von Bewohntheit und Bewohnbarkeit der Räume in den Vordergrund. Konkrete Vorschläge: Unter die Schrägen werden drei offene Regalzargen eingezogen. Das Bett wird neu, die mobilen Möbel werden gebraucht gekauft, um möglichst auch Stücke mit „Geschichte" zu finden. Der Sicht- und Sonnenschutz wird durch Rollos gewährleistet, die mit unterschiedlichen Motiven (Entwurf: H+J Kandl) bedruckt sind. Zu sehen sind jeweils Impressionen aus der urbanen Peripherie von Wien mit kurzen Textpassagen. Für den Außenbereich werden Sträucher entlang des Geländers und ein Screen vorgeschlagen, der von den Gastkünstlern bespielt werden kann.

A competition held on behalf of the MQ-Errichtungsgesellschaft for the eight studio bed-sits in the attic of the MQ oval tract, that are to be put at the temporary disposal of artists from elsewhere, is supposed to provide for an adequate interior solution. As both proposals submitted were considered by the jury to be satisfactory and conceptually interesting a unanimous decision was made to ask both participants, Heimo Zobernig and Helmut + Johanna Kandl, to realise their interior designs in provisional sample studios in situ.

Heimo Zobernig
Zobernig's proposal for the interior went from the flooring (industrial screed), via the furniture (on casters) and blinds (with aluminium slats), to the rubbish bin (large and handsome). The choice of furniture is strictly oriented around its usage, almost all pieces are mass-produced and available from various hypermarkets. In aesthetic terms the space lives from the ambivalence between living and working. The space proposed is conspicuous and very consistent in terms of the emphasis on mobility (movable screening, a rolling clothes rack, a bed on wheels, a PC on a mobile frame and mobile universal furnishings). Heimo Zobernig on his concept: "My design for the interior consists in the choice of the most necessary furniture of a kind essentially determined by the moment at which it is in use and that has been conceived to resist wear and tear. An aesthetic of the confrontation of examples of design taken from the domestic and the working worlds. The studio space forms the shared vessel for the individual elements. Perhaps by concentrating on the middle of the dominant and oppressive slope to the roof this will make it possible to provide a counterpoint. Almost everything is taken from the stocks of assorted retailers of mass-produced wares (see catalogue examples)."

Helmut + Johanna Kandl
The proposed interior by Helmut + Johanna Kandl places the everyday and normal in the foreground with the aim to support the space's impression of being inhabited and being habitable. Concrete proposal: Three open shelving boxes set beneath the slopes. A new bed, second hand mobile furniture – preferably also with pieces selected that have 'a history'. Privacy and shade to be achieved with blinds printed with various motifs (designed by H. + J. Kandl). Each of these will show impressions of the urban periphery of Vienna and have short passages of text. For the open-air zone, the proposal envisages shrubs along the balustrade and a screen that can be used for projections by the visiting artist concerned.

Möbel für Ateliers
Ich kaufe gebrauchte Möbel,
von der Stadt Wien, beim Altwarenhändler.
Manches bekomme ich geschenkt.
Sie sind noch gut erhalten und erzählen
ein Stück Nachkriegsgeschichte,
von Jahren und Gegenden, die im Stadtbild der City keine Rolle spielen.

Das neue Glacis-Beisl
The New Glacis Beisl

propeller z

Die Vorgaben für den Wettbewerb waren hoffnungsvoll: Mit der Neugestaltung des Glacis-Beisls sollte das Lokal samt Gastgarten überzeugend an die neue Erschließungssituation im Areal angliedert werden, wobei die Qualität einer innerstädtischen Oase erhalten bleiben sollte, während zugleich auch der Winterbetrieb in neugestalteten Räumlichkeiten an Attraktivität gewinnen sollte. Nachdem die Jury die Projekte von awg_AllesWirdGut und propeller z zur Überarbeiten empfohlen hatte, ist das Schicksal des neuen Glacis Beisls noch ungewiss, da der bisherige Betreiber zurücktrat. Nichtsdestotrotz einigten sich die beiden Teams darauf, im Falle einer Realisierung einen gemeinsamen Entwurf auszuarbeiten.

The brief outlined in the competition was optimistic: With the redesign of the Glacis Beisl the premises including the garden were to be convincingly arranged within the new situation of the circulation on the grounds, whereby the quality of an inner-city oasis was to be retained. At the same time trade in the winter was to become more attractive as a prospect at the same time in a redesigned interior. Since the jury's recommendation that the projects by awg_AllesWirdGut and propeller z be reworked the future of the new Glacis Beisl has become uncertain as the previous management has withdrawn its tender. Nevertheless both teams agreed to work on a design in collaboration with one another should the realisation go ahead.

Der Entwurf von propeller z sieht eine gebaute „Schnittstelle" zwischen den Verkehrswegen des MuseumsQuartiers und den Innen- und Außenräumen des Glacis-Beisls vor – eine Art überdachter Vorplatz, der die bestehende Holzbrücke zum Eingang des Lokals ersetzt, und eine zum Garten hin geöffnete Bar so wie den Antritt einer Treppe umfasst, die tangential an dem neuen Verkehrsweg am Dach des Traktes anschließt. Diese Treppe bietet auch im Winter eine direkte und somit leichte Erschließung des Lokals, im Unterschied zur bislang projektierten Erschließung über ein verwinkeltes Stiegenhaus und einen WC-Vorraum. Im Inneren entsteht durch ein Verlegen der Küche und die Entfernung einer Zwischenwand ein großzügiger, dem Garten zugewandter Gastraum mit Bar, einem Stehtischbereich und von der Wand auskragenden Tisch/Bank-Gruppen in jeder Fensterachse. Dahinter liegt ein weiterer kleinerer Gastraum.

The design by propeller z envisages a built "intersection" between the traffic arteries of the MuseumsQuartier and the interior-exterior space of the Glacis Beisl – a kind of covered forecourt replacing the existing wooden bridge to the entrance of the premises and providing roofing for a bar open towards the garden as well as the runners of a staircase joining up sideways to the new traffic flow on the roof of the tract. This staircase offers direct and therefore simple access to the premises even in the winter, in contrast to the circulation formerly proposed via an awkwardly angled staircase and a WC lobby. Inside, the repositioning of the kitchen and the removal of a partition wall create a generous space with a bar for a clientele positioned looking into the garden, an area with tables at standing-height and groups of a table and benches projecting from the wall in each of the window axes. Behind this is another, smaller space for guests.

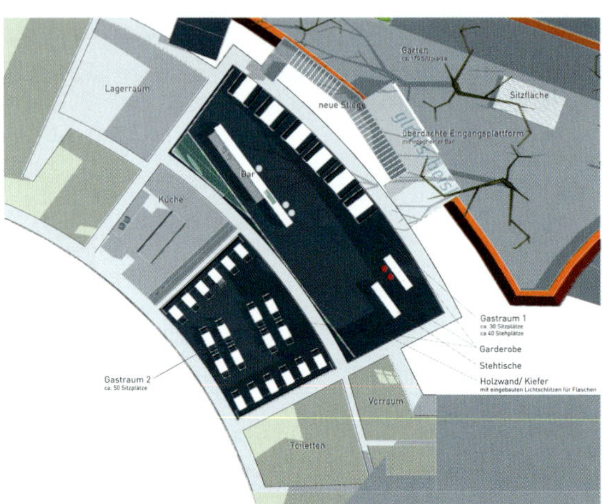

awg_AllesWirdGut: „Laubfrosch"

Ein programmatisches Statement für die Erhaltung innerstädtischer Biotope innerhalb des „Overkill an Design" am Areal: Das Glacis-Beisl verdankt seinen unverwechselbaren Charme dem abgeschiedenen und stimmungsreichen Garten.

Diese Biergarten-Atmosphäre, hervorgerufen durch einfache Holztische auf Kiesgrund, die mit urbanen Elementen in der Ausgestaltung kombiniert werden, ist zentrales Element des Entwurfs von awg.

Die leichte und raue Struktur des „Laubfroschs" vermittelt als ein artifizielles Bar-Baum-Gefüge im Spannungsfeld zwischen Künstlichkeit und Natur zwischen Innen- und Außenbereich. Ein Holzständerwald ist tragendes Gerüst für grob gehobelte Holztafeln (Tresenoberfläche), Sitzgelegenheiten, Barregale, Beleuchtung und Metallnetze. Eine Bar, die wächst und gedeiht: Bis zu den Holztafeln rankt sich immergrüner Buchsbaum empor, Hopfen breitet sich als schattenspendendes Dach über den Garten.

A programmatic statement for the preservation of an inner-city biotope within the "overkill of design" on the grounds: The Glacis Beisl owes its unmistakable charm to the isolated and atmospheric garden. This beer garden atmosphere, emphasised by simple wooden tables on gravel that are to be combined with urban elements in the fittings, is a central element of the design by awg.
The light and raw structure of the 'tree-frog' mediates in the charged intersection between the synthetic and the natural, the interior and the open-air zones, in the form of an artificial combined bar-tree shape. A forest of timber uprights is the supporting scaffold for roughly planed timber panels (bar surfacing), seating, bar shelves, lighting and metal netting. A bar that grows and flourishes: the ever greener boxtree blooming vigorously and grandly as far as the timber panelling, hops spreading to form a shady roof over the garden.

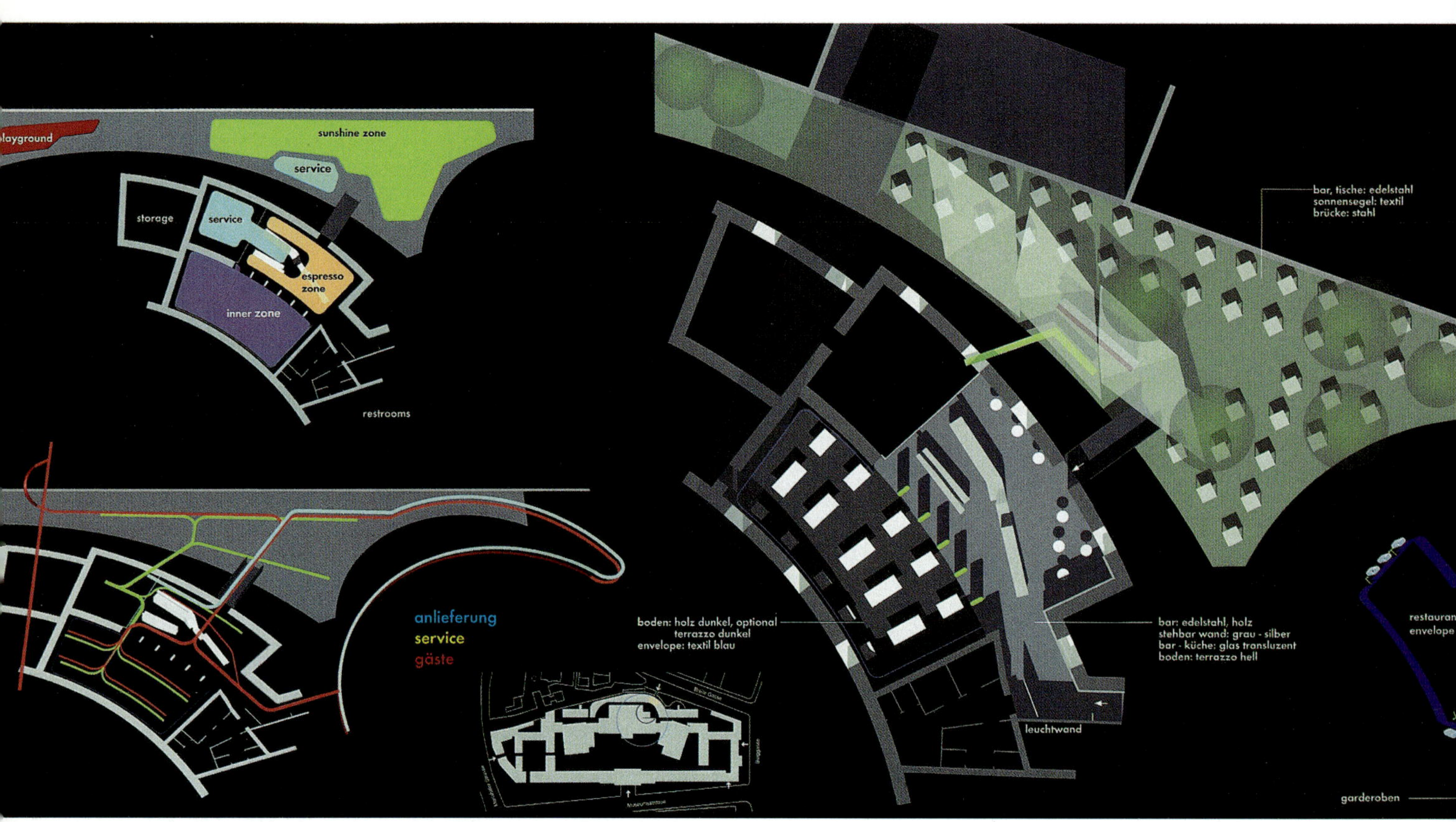

AB domen/larcher

Der großzügige Gastgarten (die „sunshine zone") – durch eine Stahlbrücke mit dem Servicebereich verbunden – ist mit einem textilen Sonnensegel überspannt, unter dem die Bar und schlichte Tische aus Edelstahl Platz finden. Im Inneren sind zwei Bereiche atmosphärisch klar getrennt. Der vordere Bereich des Lokals ist mit seinem hellen Terrazzoboden und einer diagonal durch den Raum greifenden Stehbar als Kaffeehauszone ausgewiesen, die Offenheit und Bewegung suggeriert, während der rückwärtige Restaurantteil (die „inner zone") mit seiner blauen Textilhülle und einem dunkleren Boden einen höheren Intimitätsgrad vermittelt. Denn, wie ab domen/larcher meinen: Nach soviel Kultur im MQ Areal ist ein Zurückziehen ohne Ausblicke und Einblicke angesagt.

The generous garden (the "sunshine zone") – linked with the service area via a steel bridge – is covered by a sunsail of fabric under which the bar and simple stainless steel tables are situated. Inside, two areas are clearly separated in terms of atmosphere. The foremost area of the premises is identifiable as a coffee house zone with its Terrazzo flooring and a standing-height bar reaching diagonally through the space. The restaurant part to the rear (the "inner zone") exudes a higher degree of intimacy with its blue fabric shell and a darker floor. As, according to ABdomen/larcher, after so much culture on the grounds of the MQ it's time to retreat to a place offering neither views nor insights.

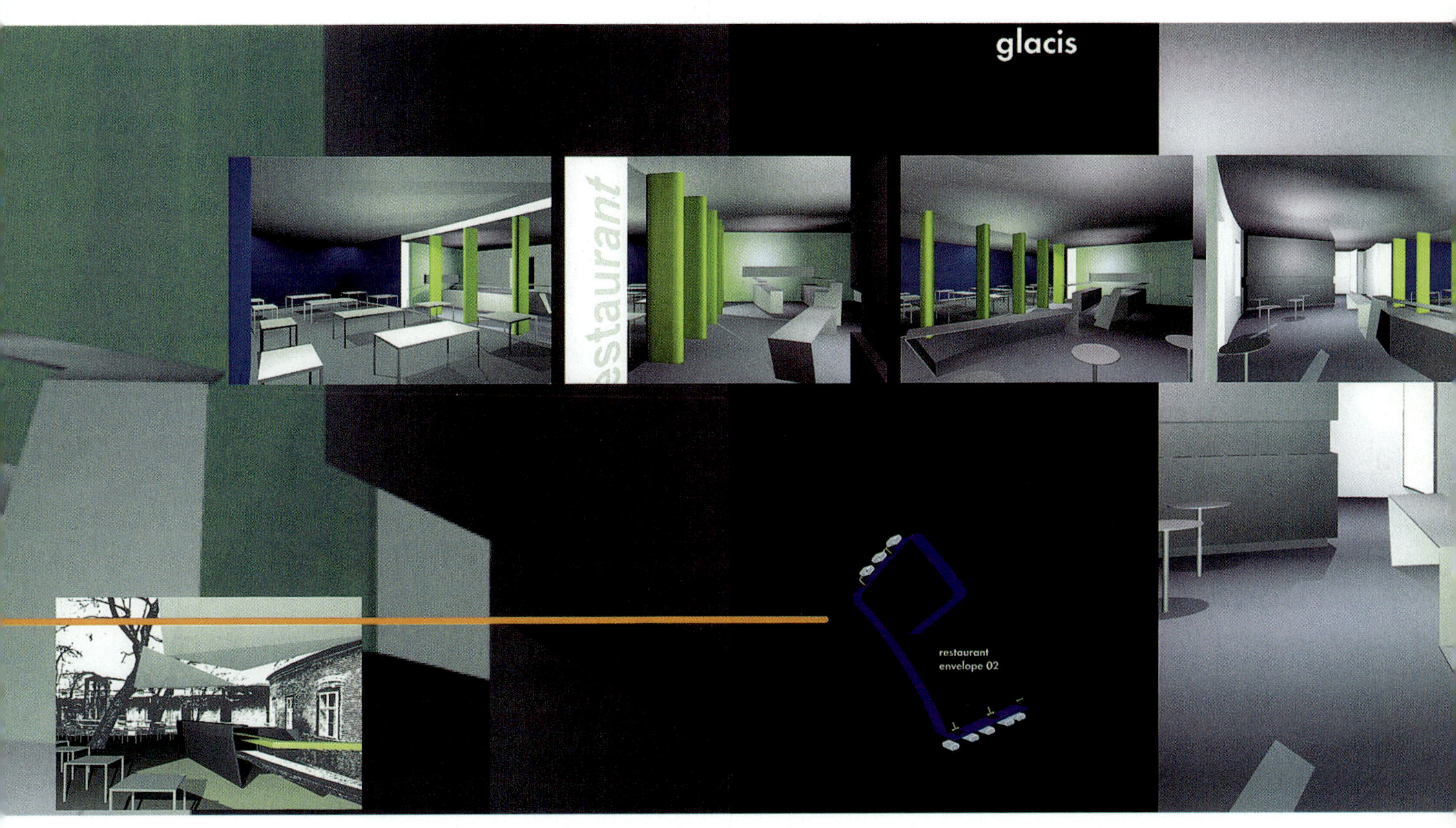

Neugestaltung des Glacis-Beisls, Wettbewerb 2000
Redesign of the Glacis Beisl, competition 2000
Auslober | Competition „Kunst auf der Baustelle" für die Wigast GMBH
geladene Architekten | participating architects
awg_AllesWirdGut (Ingrid Hora, Andreas Marth, Friedrich Passler, Herwig Spiegl, Christian Waldner) Mitarbeit/Assistance Daniel Hora
propeller z (Korkut Akkalay, ka.bru, Kriso Leinfellner, Philipp Tschofen, Carmen Wiederin)
AB domen (Harald Almhofer, Wolfgang Badstuber)/Norbert Larcher
Siegerprojekte | winning projects **awg_AllesWirdGut/propeller z**

Alter Barock und neue Bücher
Buchhandlung im MQ|Old Baroque and New Books
Bookshop in the MuseumsQuartier
querkraft Architekten

Ein ovaler Raum mit vier mächtigen Säulen, die einen neunfeldrigen Kuppelhimmel aufspannen, sind wahrscheinlich nicht die üblichen Gegebenheiten für eine Buchhandlung samt Café im digitalen Medienzeitalter. Aber warum eigentlich nicht?

Alter Barock und neue Bücher können alles andere als ein Widerspruch sein, sondern eine nicht ganz alltägliche Herausforderung, die die Architekten von querkraft mit frischer Unverfrorenheit angenommen haben. Auf die Opulenz des ovalen Raumes im Fischer von Erlach-Trakt reagierten sie mit kühner Pragmatik und ein wenig Manierismus, ohne aber aufdringlich oder oberflächlich zu wirken. Aspekte des Präsentierens und des Verkaufens (und darum geht es ja bei Buchhandlungen) reflektiert der Entwurf ebenso wie die Optimierung des Raumes. Ein knapp über zwei Meter hohes „Buchband" schmiegt sich wie ein „Eishockeyring" um den ovalen Raum. Optisch schwebend, hüllt es die Besucher gleichmäßig mit den raumumlaufenden Büchern ein, um in der Mitte des Raumes eine „Lesearena" zu formulieren. Verschiebbare tischhohe Kuben („Konfettis" nennen sie die

Architekten) schaffen zeitgemäße Flexibilität im Raum, der sich ebenso schnell wie leicht in eine Veranstaltungsarena verwandeln lässt – mit den Kuben als Bühne oder Laufsteg. Trotz allem musste die Buchhandlung einen kleinen Bereich dem Entertainment, in diesem Fall einem Café (insgesamt dem sechsten am Areal) abtreten. Eine Plexiglas-Wand trennt das Gastronomische vom Intellektuellen. Dennoch wird auf das Weiterlaufen des Buchbandes nicht verzichtet, allerdings im Café-Bereich auf der einen Seite des Zuganges deutlich niedriger als Sitzband (=-bank). Bei den Materialien dominieren weder High-tech noch expressiver Minimalismus, sondern warme (barocke?) Töne: ein sehr dunkler Eichenboden und gelb verzinkter Stahl für das Regal. Als Rückwand des Buchbandes mit fixen Regalbögen dient Lochblech, das für Transparenz an jenen Stellen sorgt, hinter denen sich kleine Lager- und Nebenfunktionen verbergen. Ein sehr „realistischer" Entwurf, der den Dialog von Besuchern und Büchern akzentuiert, Pragmatik zulässt, aber vor allem eine kraftvolle, signalhafte Lösung in der „barocken" Hülle bietet.

An oval space with four massive piers stretching a cupola sky in nine sections is probably not the usual given for a bookshop complete with café in the age of digital media. But why not? Old baroque and new books can be anything but contradictory, they can present a not entirely banal challenge, one that the architects of querkraft have taken on with refreshing verve. They reacted to the opulence of the oval space in the Fischer von Erlach tract with cool pragmatism and a dash of mannerism without, however, appearing either penetrating or superficial. Aspects of the presentation and sales (and this is what bookshops are about) reflects the design just as much as the optimisation of the space itself. A band of books slightly over two metres high fits neatly around the oval space like an "ice hockey rink". Appearing to hover, it envelops the visitor evenly in the books running around the space to form a reading area in the centre. Mobile table-height cubes (the architects refer to them as "pieces of confetti") create a contemporary flexibility within the space, which can be quickly and just as easily transformed into a venue with the cubes' being

combined to form a stage or a catwalk. Nevertheless, the bookshop had to relinquish a small area to entertainment, in this case in the form of a café (the sixth café at the MQ). A Perspex wall separates culinary affairs from those of the intellect. However the band of books remains uninterrupted although in the café area it is noticeably lower on the entrance side as a band for seating (i.e. a bench). In terms of the materials, neither Hi-tech nor expressive minimalism dominate, instead there is a warm (baroque?) colour scheme: very dark oak flooring and yellow zinc-plated steel for the shelf. Perforated metal sheeting with fixed shelves serves as a rear wall to the band of books, also providing transparency at those positions where small storage and ancillary functions are concealed in the back. A very 'realistic' design, one that accentuates the dialogue between the visitors and the books and allows a pragmatic approach, but one which above all reveals a powerful, signal-like solution within the baroque shell.

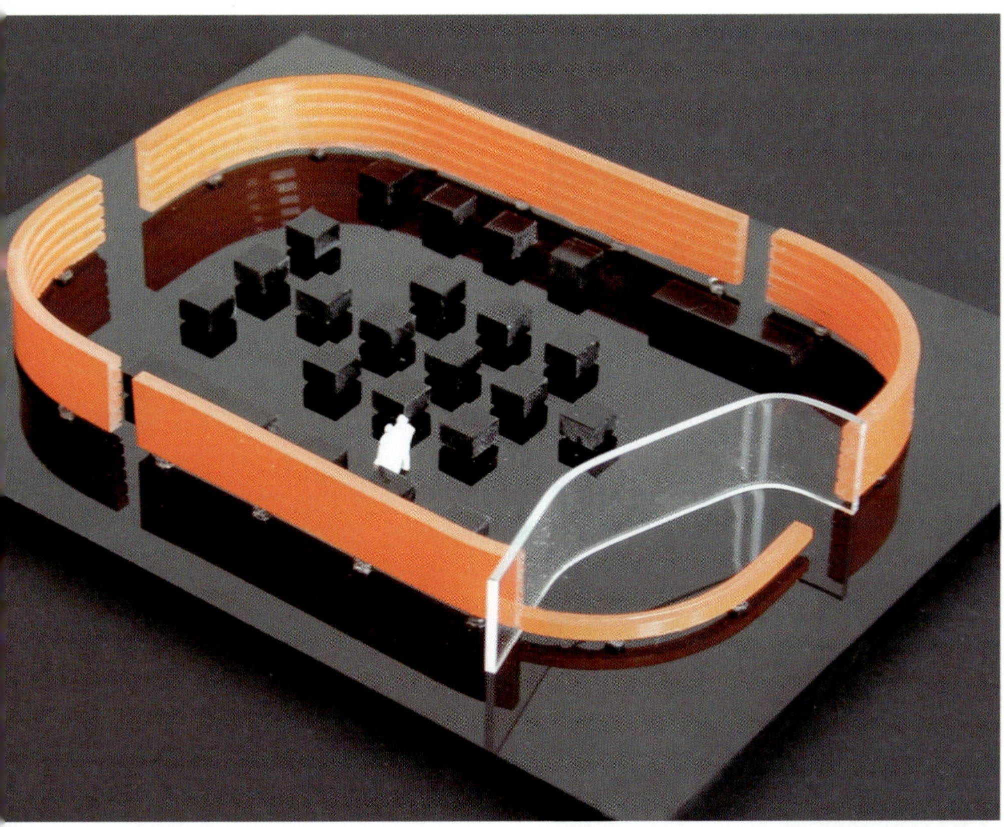

Lesearena innerhalb eines Buchbandes|
Reading arena within a band of books

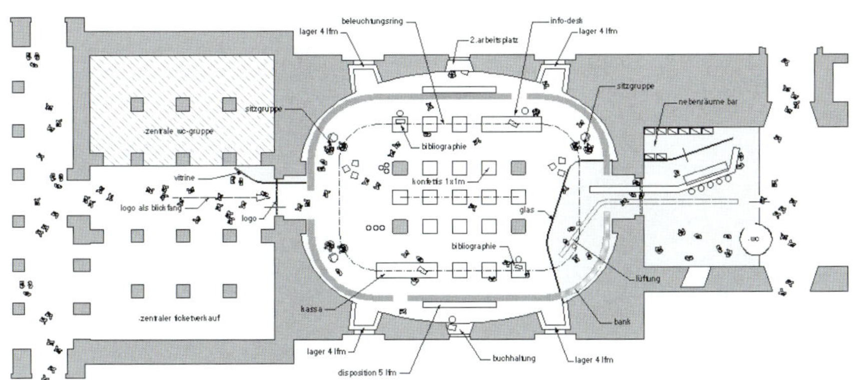

Buchhandlung Prachner in der Ovalhalle des Fischer von Erlach-Traktes, Wettbewerb 2000
Prachner Bookshop in the Oval Hall, Fischer von Erlach Tract, competition, 2000
Auslober|Competition „Kunst auf der Baustelle" für Andreas Tarbuk, Buchhandlung Prachner
geladene Architekten|participating architects **ARTEC, rataplan, querkraft**
Siegerprojekt/Planung|winning project/planning **querkraft Architekten, Dunkl, Erhartt, Sapp, Zinner**
Projektleitung|project manager **Karin Hepp**
Fertigstellung|completion **Herbst|Autumn 2001**
Statik|static **Werkraum**
Lichtplanung|lighting concept **Konzept Licht**

basis wien und Depot
vor der Übersiedlung |
basis wien and Depot
before the move

Die Räume der basis wien gestaltet von propeller z
basis wien designed by propeller z

Die Räume des ursprünglichen Kunstraum und Depot von ARTEC gestaltet |
Depot designed by ARTEC

Tabakmuseum Art Cult Center:
Ausstellungsräume gestaltet von Walter Buck |
Exhibition halls by Walter Buck

„Durchblick"
Aussichtsplattform | Viewing Platform
The next ENTERprise

Einer temporäre Aussichtsplattform am Übergang vom siebten Wiener Gemeindebezirk in das MQ (Eingang Breite-Gasse) soll die Attraktivität dieser wichtigen Schnittstelle zum städtischen Gefüge erhöhen. Durch die natürliche Geländekante sind schon ab relativ geringer Höhe schöne Aussichten auf die Stadt – und vor allem ein Überblick über das gesamte Kulturareal – möglich. Dieser Ausblick soll mit einer Aussichtsplattform (projektierte Standzeit: drei Jahre) öffentlich zugänglich gemacht werden. Mit einem eingedrückten Oval besetzt und öffnet the next ENTERprise die Baulücke. Die über der Stahlleichtkonstruktion der Medienschleife quer auskragende Aussichtsplattform hat mit ca. 130 m² dieselbe Grundfläche wie die gesamte Baulücke und ermöglicht einen herrlichen Rundblick von der unmittelbaren Umgebung der Breite Gasse bis an die nördliche Peripherie Wiens. Die aus einer Kreisform abgeleitete Medienschleife ist als Trägermedium für Leuchtschriften und Werbung konzipiert, der von der Breite-Gasse zugängliche ebenerdige Bereich soll subkulturelle Aktivitäten anziehen. Die Erschließung der Aussichtsplattform über eine fragile Treppe ist direkt mit dem Wegenetz des MuseumsQuartiers verwoben.

A temporary viewing platform at the entrance to the MQ from the Seventh District of Vienna (Breite Gasse) is to heighten the attractiveness of this significant intersection in the city's layout. The natural edge to the plot requires only a relatively small amount of additional height to provide exceptional views of the inner city and above all a sweeping view of the entire culture complex. This view is to be made accessible to the general public in the form of a viewing platform (for a cheduled timespan of three years). The group the next ENTERprise is occupying and opening up the gap in the site with a depressed oval. The viewing platform projecting at an angle over the steel construction of the display band has the same floor area as the entire gap in which it is situated of approx. 130m² and provides a wonderful view all the way around from Breite Gasse out to the Northern periphery of Vienna. The display band develops out of a circular form and is conceived as a support for illuminated text and advertising, the ground level area accessible from Breite Gasse is supposed to attract sub-culture activity. The circulation to the viewing platform via a fragile staircase is interwoven directly with the web of the MuseumsQuartier's paths.

Aussichtsplattform am Übergang MQ Wien/Breite Gasse, Wettbewerb 2001
Viewing Platform at the Entrance to the MQ/Breite Gasse, competition, 2001
Auslober|competition **„Kunst auf der Baustelle" für die MQ-Errichtungsgesellschaft**
geladene Architekten|participating architects **Peter Ebner, The next ENTERprise, Pichler Traupmann**
Siegerprojekt|winning project **The next ENTERprise (Marie-Therese Harnoncourt, Ernst J. Fuchs)**

MuseumsQuartier Wien
Daten und Fakten | data and facts

Nutzfläche gesamt	total floor area	60.000 m²
davon kulturelle und kulturnahe Nutzungen		
of which cultural and related uses:	53.000 m²

Leopold Museum — 12.900 m²
Ausstellungsflächen | exhibition area — 5.400 m²
Depotflächen | storage — 900 m²

Museum moderner Kunst Stiftung Ludwig Wien — 14.000 m²
Ausstellungsflächen | exhibition area — 4.800 m²
Depotflächen | storage — 1.800 m²

KUNSTHALLE Wien und Halle E + G — 10.800 m²
Ausstellungsflächen Kunsthalle | exhibition area, Kunsthalle — 1.700 m²
Depotflächen Kunsthalle | storage, Kunsthalle — 800 m²

ZOOM Kindermuseum | children's museum — 1.500 m²
Ausstellungsflächen | exhibition area — 850 m²

Architektur Zentrum Wien — 1.900 m²
Ausstellungsflächen | exhibition area — 1.000 m²

Theaterhaus für Kinder | children's theatre — 1.000 m²
Tanzquartier — 1.100 m²
Kulturnahe Einrichtungen | culture related facilities — 5.900 m²

Reserveflächen (Quartier 21) | reserve area (Quartier 21) — 4.200 m²
Wohnungen | apartments — 7.000 m²

Jährlich erwartete Besucherzahlen | expected number of visitors anually

Leopold Museum	250.000 – 300.000
Museum moderner Kunst Stiftung Ludwig Wien	150.000
Kunsthalle Stadt Wien	150.000
Veranstaltungshallen Stadt Wien	200.000
(Halle E für | for 1000, Halle G für | for 350 Personen | people)	
ZOOM Kindermuseum	100.000
Architektur Zentrum Wien	100.000
Kindertheater	70.000 – 100.000
Weitere kulturelle Nutzungen	further cultural facilities	100.000

Projektbeteiligte an den Um- und Neubauten |
List of those involved in the conversion and new construction

Bauherr | client — **MuseumsQuartier Errichtungs- und Betriebsgesellschaft mbH**

Architekten | architects — **ARGE Architekten**
Arch. Prof. Dipl.Ing. Laurids Ortner
Arch. Prof. Mag.art. Manfred Ortner
Arch. Univ.Prof. Dipl.Ing. Dr. Manfred Wehdorn

Baufirma | construction company
ARGE Museumsquartier
Ast – Holzmann BaugesmbH., Wien

Statiker | structural engineering
Fritsch, Chiari & Partner, Ziviltechniker GmbH, Wien

Heizung, Klima | heating, air conditioning
Lüftung, Sanitär | ventilation, plumbing
Elektro, Fördertechnik | electrical works, lifts/elevators:
Austroconsult, Wien
Bodengutachten | geological report
Dipl.Ing. Dr. Erik Würger, Wien
Lichtplanung | lighting concept
Kress & Adams, Köln
Bauphysik, Bauakustik | construction-related physics and acoustics
Büro Dr. Pfeiler GmbH, Graz
Büro Dr. Quiring, Innsbruck
Geometer | surveyor **Dipl.Ing. Dr.techn. Harald Meixner, Wien**
Prüfingenieur | controlling engineer
Dipl.Ing. Markus Spiegelfeld, Wien
Technische geschäftliche Oberleitung | supervision of technical works
Fritsch, Chiari & Partner, Ziviltechniker GmbH, Wien
Projektsteuerung | project management
Fritsch, Chiari & Partner und
Dipl. Ing. Markus Spiegelfeld, Wien

Baukosten | building costs

Gesamt (netto)	total (net)	2,0 Mrd ATS
Anteil des Bundes	amount paid by the state	1,6 Mrd ATS
Anteil der Stadt Wien	amount paid by the City of Vienna	400 Mio ATS